Herstellung und Verlag :
Books on Demand GmbH, Norderstedt
ISBN 978-3-8391-4096-3

http://www.literatur-experiment.de
mueller@literatur-experiment.de

Foto Mario Müller
Umschlag Mario Müller
nach einem Entwurf von Dr. Jörg Wurzer

Gebloggtes

Reise durch meine gebloggte Welt

Mario Müller

Literatur aus Remscheid

Vorwort

Liebe Leserinnen, liebe Leser,

das ganze Jahr über, merkte ich das Etwas
in mir wühlte, mich nicht los lies, mich beschäftigte,
mir keine Ruhe gönnte.
Es quälte mich und es ängstigte mich.
Ich habe versucht, das alles über meine Bilder und über
Gedichte zu kompensieren, aber damit habe ich mich
nur selber belogen, mir meine eigene Stärke vor-
gegaukelt.
Die Unruhe nahm zu und raubte mir die Nächte, bis es
einfach nicht mehr ging.
Am 27. Oktober 2009 kam dann der Zusammenbruch,
kam die Angst und nahm Besitz von meinem Körper,
schüttelten mich Weinkrämpfe und unerklärliche
Gedanken machten sich breit.
Die Angstzustände führten dazu, das ich mich nicht
mehr traute aus meiner Wohnung zu gehen, ich stand
manchmal 2 Stunden vor der Tür, wollte raus,
konnte es aber nicht.
Glücklicherweise hatte ich an dem Tag des
Zusammenbruchs mit Menschen zu tun, die genau das
Richtige getan haben.
Somit kam ich schnell in ärztliche und therapeutische
Behandlung.
Schwere Depressionen …
Für mich war nach dieser Diagnose klar, ich will mich
nicht verstecken, möchte das nicht verheimlichen,
sondern möchte offen mit dieser Krankheit umgehen.
Vielleicht hilft es dem Einen oder der Anderen.
Auch wenn es für viele kein Trost sein kann, ist es doch
wichtig, zu sagen, öffnet Euch den Angehörigen,
Freunden oder Arbeitgebern.
Für mich war es der richtige Weg.

Vorwort

Die Texte und Gedichte in diesem Buch stammen alle aus dem Jahr 2006, interessant dabei ist, wenn man die Dinge im Kontext mit 2009 sieht, verbindet und sich neue Gedanken macht.
Auch das hat mich angetrieben dieses Buch zu schreiben, oder besser zu setzen.

Das Buch hat keine Chronologie in dem Sinne, auch keine abgegrenzten Kapitel oder Themen, es ist einfach ein Buch zum Blättern und lesen sie da wo und wann sie es wollen.
Es soll einfach dazu anregen, sich Gedanken über Gott und die Welt zu machen, anregen, vielleicht auch selber aktiv zu werden und nicht auf Andere zu warten.
Der Spruch, ich als Einzelner kann ja sowieso nichts ändern, gilt nicht, sondern ist reine Ausrede.
In diesem Sinne möchte ich dieses Buch verstanden wissen …
Also viel Spass beim Blättern.

Mario Müller
Dezember 2009

25. Februar 2006

Vogelgrippe jetzt am Bodensee und an der Ostsee.
Dunkel kommt da ein Gefühl auf, das früher im Mittelalter
zu vollen Kirchen geführt hat,
es ist etwas da, was Gemeines ... etwas ...wie
apokalyptische Sehnsucht breitet sich aus.
Politiker tragen ernste Masken, den Wähler quält die Angst,
was mach ich mit der Vogelscheisse an meinem Schuhen?
Es wird Allen klar, biblische Ausmasse, nur Moses fehlt,
der ist leider tot.
Uns beschäftigt eigentlich nur der Weiterlauf des Tages,
der Nacht, bloss keine Störung bei Olympia, oder?

Ach ... Deutschland sucht den Superstar.
Frage mich überhaupt, warum gibt es das Format noch
nicht?
Deutschland sucht den Superpolitiker, was wäre das für
eine Show.
Und das Schönste, wir könnten wirklich rauswerfen
... den ... der uns nicht passt.
Fernsehdemokratie, irgendwie hat das was.
Naja ... eigentlich gibt es ja auch
Wichtiges in der Welt.

Gemischtes

25. Februar 2006

Da warnt die israelische Wirtschaft vor Sanktionen gegen
die Palästinenser, weil es könnte ja die Wirtschaft treffen,
Money as usual.
Vielleicht sollte man in Zukunftbei den Wahlen
grundsätzlich abfragen, ob man für freie Marktwirtschaft ist,
wer kein Hemd hat, ist selber schuld.
Oder man schliesst diejenigen sofort von der Wahl aus,
die ein anderes System wollen.
Also Sozialisten, Kommunisten, Linke per sé,
klar die Rechten auch, die bauen dann nur Autobahnen.
Also, alle Macht dem Geld, wer viel hat, darf in Zukunft
mehr wählen, wer wenig hat, sollte überlegen, wen er wählt.

Ich bin ergriffen, was uns Menschen so alles beschäftigt,
da hat der neue 007 doch tatsächlich Probleme
beim Publikum, seltsam, der Film ist doch noch garnicht in
den Kinos? Ob das eine Auswirkung der Esoterik ist?
Wir ahnen der Neue ist schlecht, es steht in den Sternen,
oder in irgendeinen Stein geschrieben, oder?
Nein, nein, wir wollen den alten Wilhelm wiederhaben ...
oh ... Entschuldigung, den alten Sean Connery.
Warum können wir als Publikum nicht vor dem Erscheinen
eines Filmes mitreden?
Kinokratie,
ich wähle mir meine Hauptdarsteller selbst.
Ich bewundere uns Menschen.

Gemischtes

26. Februar 2006

Schreckensmeldung in einer Sonntagszeitung, wir
armen Patienten, wir sollen jetzt alle Medikamente
selber zahlen.
Hmmm ... tun wir das in vielen Bereichen nicht schon?
Also ich bezahle meinen Wein, wenn ich Depressionen
habe, selber, auch wenn ich vor Bluthochdruck japse,
weil die Wut auf meinen Arbeitgeber mir rote Schleier
schafft, zahle ich den Kasten Bier selber.
Und die vielen jungen Leute, die auf Selbsterfahrungs-
suche sind, zahlen doch das Haschisch selber, oder?
Interessant ist natürlich, dass man sich das Geld dann
von der Kasse zurückholen muss, werde morgen mal
direkt zur AOK gehen und mal sehen, vielleicht be-
komme ich die Rechnung vom Weingut erstattet?

Ach ... Sonntagszeitung, der Edmund ist ja auch noch
da. Ich dachte eigentlich die Stoiberisierung der
Bundesrepublik wäre gescheitert?
Nun denn, man höre seine Worte.
Aha ... die Bürger fassen wieder Vertrauen in die Politik,
die Frage ist, welche Bürger?
Irgendwie mag ich sie, diese Politiker, sie haben etwas
von den drei Musketieren und gleichzeitig etwas von
Don Quichote. Naja ... auch von Störtebeker und
solchen Gesellen. Aber ich verstehe das schon, man
muss für sich sorgen, sonst sorgen sich Andere.
Nunja ... Herr Stoiber, wir haben uns nun einmal für
einen freien Markt entschieden, also, der Film
„Tal der Wölfe" spielt Gewinne ein, ein Musterbeispiel
für gelungene Integration, auch die Filmmuster, abge-
kupfert, aber erfolgreich. Was haben Sie gegen Erfolg?

Gemischtes

26. Februar 2006

Wenn ich diese bedeutungsschwere Aussage
„Kampf der Kulturen" höre, lese, sehe, komme ich mir
so unscheinbar, so hilflos vor, was ist das?

Schrippe gegen Baquette?
Labskaus gegen Paella?
Mc Donald gegen Nordsee?
Döner gegen Kebap?

Schafft Bildung überall auf der Welt, dann gibt es den
Kampf der Besten, wer hungert, wer stirbt,
wer ausgebeutet wird, nur der sucht eine Flucht
im Glauben.
In einer Zeit, wo Kapital Demokratie erwürgt, wo die
Freiheit verkauft ... nach Barrel gemessen wird.
In dieser Zeit entstehen Gedanken,
erst still und unbemerkt,
dann laut und abgeklärt.

Gemischtes

27. Februar 2006

Wir sind Goldmeister ...
hurra, hurra, jeder von uns ist Goldmeister.
Gehe gleich mal zum Nachbarn, der ist aus Kasachstan,
aber hat einen deutschen Pass ... dann ist er ja auch
Goldmeister, dann können wir zusammen feiern.
Ich bin irgendwie stolz auf diese Nation.
Made by Goldmeister, Goldmeisterbrötchen,
der Goldmeister der Stadt sowieso, oh ...
hier ist es ja eine Obergoldmeisterin.
Bin mal gespannt ob der Goldmeisterpräsident
der Goldmeisterrepublik uns goldmeisterliches dazu was
sagen wird.
Mal meinen Pass suche ... da muss unbedingt Gold-
meister rein.

Ich finde die Kommentare einer grossen Zeitschrift richtig
inspirierend.Tatkraft ... ich kehre tatkräftig die Strassen der
Stadt für ein Euro, derweilen meine Frau beim Amt ansteht
um einen Antrag auf den Antrag, für den nächsten Antrag
ausfüllen zu dürfen.
Meine Kinder sind ja in der Schule, die lernen gerade kiffen.
Fleiss ... ich übe fleissig meine Steuererklärung auszu-
füllen, immer und immer wieder, ich gebe nicht auf, ich
schaffe das, ich will das.
Ehrgeiz ... ich habe den Ehrgeiz morgens bei derAgentur
für Arbeit der Erste zu sein, jeden Tag, jede Woche,
jeden Monat, jedes Jahr.
Teamgeist ... ich bin nicht neidisch auf jemanden,wir sind
ein Team, auch der Esser, schliesslich,wenn es einem von
uns gut geht, dann geht es irgendwie allen gut.
Willen ... ich habe den festen Willen das alles zu schaffen,
zu wählen, mitzugestalten, mich nicht entmutigen zu lassen.
Und ... ich werde nie aufgeben ... ich bin ein Goldmeister.

Gemischtes

27. Februar 2006

Lacht ... wir sind wirkliche Goldmeister auch in der Recht-
schreibreform, ab sofort hat das Gross Vorfahrt vor dem
Klein. Der, die, das wird ersetzt durch wer, wie, was.
Der Mann ... Wer Mann? Die Frau ... Wie Frau? ...
Das Kind? ... Was Kind?
Da kommt man doch ins Gespräch, das ist intuitive Inte-
gration, lernen durch reden.
Muss die Silbentrennung jetzt links oder rechts abbiegen?
Ach ... was ist eigentlich mit dem Buchstaben S ...
der ist sowieso belastet, das doppelte zumindest
die sollten wir in die Sackgasse schicken.
Wieviele Rechtschreibreformen hatten wir eigentlich?
Das Boot, ist toot. Irgendwie werden wir zur Dichtung ge-
bracht dabei. Ich glaube wir sollten demokratisch ab-
stimmen,nach welchem Deutsch wir schreiben wollen.
Also ich stimme für das Ruhrpottdeutsch.

Kinder werden immer dicker, das kann doch garnicht sein?

Wir haben Sport in den Schulen,
wir haben Sportvereine,
wir haben Bundesliga,
wir haben die Fussballweltmeisterschaft,

also überall Bewegung,
verstehe nicht wie das dann gehen soll.

Gemischtes

28. Februar 2006

Ich stelle mir gerade die Mitglieder der Bundesregierung
vor, wie sie verschwörerisch zusammenhocken, sich
Robin Hood gleich fühlen und neue Wege ... in Klausur-
tagungen ... ersinnen, wie das erwirtschaftete Geld gerecht
verteilt werden kann.
Ich verstehe das alles nicht, ist doch alles ganz einfach
eigentlich. Wir alle bekommen in der Zukunft den Lohn,
das Gehalt, den Gewinn nicht mehr ausgezahlt, sondern es
geht direkt zur Bundesbank. Dort hat jeder Bundesbürger
seine Daten hinterlegt, seinen Status, seinen Stand.
Jetzt sitzen eine Heerschar von Beamten,
die Verteilungsbeamten? Nein, klingt so sachlich.
Die ... grübel ... nunja ... vielleicht sollte das Amt
Geschenkamt der Bundesrepublik Deutschland heissen,
oder Versorgungsstelle beim Kanzleramt,
dann wäre das Chefsache ... ähm ... Cheffinnensache?
Egal, Hauptsache ich muss mir keine Gedankenmehr um
mein Geld machen, es lebe die Demokratie, es lebe der
Bürokratiefortschritt, alle für einen,
danach ... minus Abgaben ... den Rest an uns.

Gemischtes

28. Februar 2006

Da habe ich doch heute eine Sendung gesehen im Fern-
sehen, da ging es um unsere heissgeliebten Döner,
dem wichtigsten Nahrungsmittel von uns Deutschen.
Der wird schlechtgemacht, wer will uns sowas antun?
Verschwörung der Fast - Foodgiganten?
Das elekrizitiert mich ungemein.
Da werde ich zum Bohlen.
So geht das nicht ...
Neue Döner braucht das Land,
frisch abgehangen und scharf gebraten,
am Spiesse sollst du reifen,
damit mein Magen dies alles wird begreifen.
Ich liebe dich mein Dönerland,
du bist noch garnicht abgebrannt.
Hmmm ... die Lösung wäre doch der Bio Döner.
Mit Zertifizierung und mit eigenem Referat beim Landwirt-
schaftsminister.
Gut das wir die Grünen haben, was wäre ohne sie?
Keine Bio Nahrung, keine Windräder,
keine Hoffnung auf bessere Menschen.

Oh oh, Geflügel soll für viele Jahre eingesperrt werden ...
ob da der Tierschutzbund mitmacht?
Hmmm ... vielleicht gehen die dann mangels Tiere zum
Kinderschutzbund, das würde ja mal Sinn machen, weil
die Relationen ja zum Heulen sind.
Ich bewundere immer wieder, wie die Schöpfung
funktioniert, meint man, ein Problem wäre unlösbar, steht
die Lösung längst da, man muss nur hinschauen.

Gemischtes

01. März 2006

Freiheit ... was wird uns da als Freiheit verkauft?
Es gibt nur eine wirkliche Freiheit, die allen die gleichen
Möglichkeiten gibt, die Freiheit auf freie Geburt.

Ansonsten ist es doch Augenwischerei, ich könnte mir ja
die Freiheit nehmen dieses Gesellschaftssystem zu stürzen,
wenn es gelingt, werden alle sagen, das hat er gut gemacht,
er ist erfolgreich, ein Macher.
Wenn es nicht gelingt ... Scheiterhaufen der Geschichte.
Irgendwas stimmt doch bei dem Ganzen nicht, darüber
sollte man mal nachdenken.

Vogelgrippe und kein Ende, jetzt werden auch noch Katzen
infiziert, also ich meine, die haben da so ein kleines böses
Ding in sich und gehen dann ... leider von uns.

Grübel ... ich überlege gerade, wieso das alles so ist, wie
es ist. Irgendwie werde ich das Gefühl nicht los, als wenn
der liebe Gott der Erfinder der freien Marktwirtschaft ist.
Eva konnte frei entscheiden den Apfel zu nehmen, es war
ja auch gute Werbung von der Schlange, welche Agentur
war das noch mal? Also ... liebe Christen ...
nur noch wählen wer für den freien Markt ist, steht so in
der Bibel.
Hmmm ... es wird immer interessanter, jetzt komme ich der
Sache auch näher, warum die Amerikaner so sind, wie sie
sind, die wussten das schon länger. Ja ... anders kann es
nicht sein, sonst wären die doch auch aufnahmefähig für
andere Modelle? Oder?

Gemischtes

01. März 2006

Uns muss unbedingt was einfallen, lese gerade 5 Mill.
Menschen ohne Arbeit, so geht das nicht weiter, die
sollten alle in eine Partei eintreten, dann bekommen die
auch Jobs und die werden gut bezahlt. Wir haben es ja.
Vielleicht denkt die grosse Koalition schon darüber nach,
wie sonst könnten die so optimistisch sein,
schliesslich geht die Arbeitslosigkeit tendenziell zurück ...
klar, muss ja ... da bekommen sicher ein paar Menschen
Kinder und die wollen dann nicht mehr arbeiten, es sterben
auch Menschen, die fallen also auch raus. Dann wandern
Menschen aus, die wären ja auch erstmal tendenziell aus
der Statistik.
Mal überlegen ... 5 Millionen, wie bekommen wir die unter?
Also 1 bis 2 Millionen müssen wir sowieso behalten, sonst
wären ja die Menschen bei den Agenturen für Arbeit ar-
beitslos. Also haben wir nur 3 Milionen.
Okay ... 1 Million schicken wir in die Parteien, damit die
nicht ausbluten, das zahlen wir ja gerne für unsere Demo-
kratie,muss es uns einfach wert sein.
Also nur noch 2 Millionen.
Hmmm ... Vogelgrippe, Stallpflicht, Aufpasser ...
Genau, die könnten wir als Aufpasser einstellen, damit das
Geflügel schön im Stall bleibt, das wäre auch zu vertreten
mit Steuergeldern, denn es wäre ja eine nationale Aufgabe.

Ergo 0 Arbeitslose.

Gemischtes

01. März 2006

Ach ... es war ja Aschermittwoch,
nur wo war die Asche auf dem Haupt der Politiker?
Ich habe nur mal kurz nach Passau gehört, da hat der
Edmund doch tatsächlich die Familien auf dem Programm
gehabt. Typisch Politik, sie kommen erst aus dem Quark
wenn das Kind im Brunnen ist.

Also mein Vorschlag,
die Familien werden unter Artenschutz gestellt, dann be-
kommen wir EU Gelder, Gelder von der UNO
und bestimmt lassen sich die G 8 Staaten dazu überreden
einen Familienfonds zu gründen.
Edmund so macht man Politik ... menno.

Gemischtes

02. März 2006

Heute,
als ich aus dem Fenster schaute,
Schnee, Schnee, Schnee.
Es glitzerte so weiss
im fahlen Licht
der kommunalen Gehweglampen,
es war ein herrlicher Anblick,
mein Herz ging auf
und ich war dankbar,
dankbar hier zu sein
und nicht in der Sahara.

Gemischtes

02. März 2006

Das Debakel ... ich bin zutiefst geknickt,
da schafft es doch der Berlusconi ein Geheimgesetz
durchzubringen, das es der italienischen Fussball-
nationalmannschaft verbietet in Italien ein Spiel zu ver-
lieren. Das Schlimme daran ist, das der BND nichts davon
mitbekommen hat, da sollte man mal einen
Untersuchungsausschuss einsetzen, denn das würde
mich brennend interessieren, warum die da so geschlafen
haben.
Naja ... wir haben ja 11 Mann auf den Rasen geschickt,
also fair waren wir ja.Ich habe nur gelesen, das unsere
Abwehr die Vogelgrippe hatte und dadurch natürlich in den
Stall musste und sich nicht raustraute.
Der Ballack hat einen Tauchkurs für 90 Minuten belegt,
der wollte wohl nichts mehr von der Welt da oben sehen.
Blau, blau ist der Ozean,
wenn die Fussball spiel'n,
wenn die Fussball spiel'n.
Nunja ... da bleibt es ja nicht aus, das unser Mittelfeld
keinen Impulsantrieb hatte, den hatte der italienische Zoll
beschlagnahmt ...clever eigentlich.
Und was ist die Moral der Geschicht?
Der Sturm hing in der Luft ... Sturm? ...
Muss doch mal das Wetter nachschauen, es war doch
nirgendwo Sturm. Stelle mir nur gerade vor, wie Klose und
Podolski das so gemacht haben, bei Sturm in der Luft zu
hängen, wahrscheinlich wollten die Drachenfliegen und
nicht Fussball spielen.
Der Klinsmann sollte mal mehr auf die persönlichen
Wünsche seiner Leute eingehen, dann klappt das auch
mit den Nachbarn.

Gemischtes

02. März 2006

Gut ... haken wir es als Randsportnotiz ab ...
ich glaube für die WM hole ich mir noch ein paar andere
Nationalfahnen, die WM steht ja unter dem Motto unter
Freunden, also kann ich ja auch gut für eine andere
Mannschaft sein, ohne das ich gleich in die rechte Ecke
gedrängt werde.

Schock ... die Deutschen sind nicht stolz auf ihr Land.
Ich weiss garnicht warum da so ein Theatergemacht wird?
Wie können wir den stolz auf unser Land sein?
Man muss sich doch mal die Realitäten anschauen,
unsere Nationalmannschaft debakelt.

Die Deutsche Bahn versteht unter Pünktlichkeit und
Service nur spanisch. Unsere Politiker reisen durch die
Welt und suchen Beispiele wie man es besser machen
kann, dabei kommt nur raus, Steuern erhöhen.
Nullrunden.
Habe ich was, gebe ich es den Politikern und Lobbyisten,
habe ich nichts, jammer ich und habe Fernweh.

Auf was können wir eigentlich stolz sein?
Also ich meine, unser Land hat in den letzten Jahren sehr
viel für die Bewältigung der Vergangenheit getan, das
sollten andere Nationen auch mal ruhig tun und ihre
Vergangenheiten nicht mit diesem süssen Patriotismus
zukleistern. Stolz kann nur der sein, der seine eigenen
Probleme sieht, sie anpackt und nach Lösungen sucht.
Also sehe ich den deutschen Weg als den Richtigen an,
es dauert zwar, aber es wird was.

Gemischtes

03. März 2006

Mich hat doch verdammt die Liebe gepackt, dabei bin ich
doch so griesgrämig, so humorlos, naja... so deutsch.
Liebe ... das sollte auch mal hinterfragt werden, was
versteht man unter Liebe?

Grübel ... wir haben ein Problem ... keine Kinder
Die Liebe führt doch irgendwie zu Kindern?
Das Amt für öffentliche Liebesbeziehungen gibt bekannt,
es ist nicht nötig, Kinder mit Geld gleichzusetzen, also so
nach dem Motto ... ein Kind ... gleich 250.000   weniger
in der Familienkasse.
So geht das doch nicht, man sollte den Menschen klar-
machen, weil ich liebe, also den Mann oder die Frau, ver-
zichte ich.
Das ist Patriotismus in der reinsten Form, das kennen wir
doch aus den Weltkriegen, wie haben die Eltern dort ihre
Kinder weggegeben in die fürchterlichen und
verbrecherischen Schlachten ... und waren stolz ...
stolz auf den Tod.
Neeee ... das brauchen wir nicht.

Gemischtes

03. März 2006

Mir lässt das Thema Iran und Atombombe keine Ruhe.
Irgendwo ist in dem Ganzen ein Denkfehler. Wie würde ich
denn handeln, wenn ich etwas nicht habe, es aber unbe-
dingt will, weil es der Nachbar hat?
Klar ... ich würde alles, aber auch alles daran setzen es zu
bekommen, auch auf Kredit.
Also ... sollte doch jedes Land seine Atombombh haben,
ich denke dann wären alle zufrieden. Die jeweiligen
Staatschefs könnten dann die Bombe immer streicheln,
sich sagen,
ich habe dich,
 ich habe dich,
ich kann dich einsetzen,
ich habe keine Angst,
du bist bei mir.
Das wäre doch eine enorme Entlastung für die Psyche der
Nationen. Und auch der Neidfaktor würde wegfallen und
die Nettokreditaufnahme der Länder würde fallen, sie
könnten mehr für ihre Bevölkerungen tun.
Hmmm ... ja, ich bin zufrieden mit mir.

Gemischtes

04. März 2006

Sag ich doch ...
jeder bekommt seine Atombombe. Jetzt darf Indien in die
Liga aufsteigen, dann bestimmt Pakistan, die machen ja
was halb gegen, was halb für den Terror. Da George Bush
an das Gute glaubt, sieht er das gegen den Terror, also
auch eine Atombombe.
Hey Edmund ...
wäre das nicht auch was für Bayern?
Freistaat und Atommacht ... König von Deutschland?
Stop Edmund ... hier ist Demokratie.

Ach wäre ich doch Anna Nicole Smith, dann wäre ich alle
Sorgen los, könnte mich mit den ausgefuchsten Berühmt-
heiten der Bundesrepublik über Fischzüge unterhalten,
denke da an so eine Mannesmannrunde, da könnte ich
bestimmt noch eine Menge lernen.
Naja ... und die zwei Ballons für vorne lassen sich ja dann
locker finanzieren. Was muss man denn da nehmen?
Herr Doktor bitte zwei Kilo von dem da, oder drei?

Gemischtes

04. März 2006

Habe heute mal über so einiges nachgedacht, auch über die Liebe. Das ist ja ein heikles Thema. Habe mal gefragt, was Liebe ist. Also es ist eine rosarote Wolke, die den Verstand benebelt, arbeitsunfähig macht und zu sinnlosen Sofortkäufen aninmiert. Dann gibt es andere, die sagen, die Liebe ist ein Hormonschub im Körper eines Menschen, ein chemischer Prozess. Stellt sich die Frage, warum da Bayer und die anderen Chemieriesen noch nichts geforscht haben?
Liebesparin ... und sie haben einen rosaroten Tag, Schmetterlinge im Bauch und so ein unbestimmtes Hochgefühl.
Klar ... die werden das nicht auf den Markt bringen, Liebestolle arbeiten nicht.

Oh ...
lese gerade in einer grossen deutschen Zeitung, man hat Angst um die WM 2006 hier. Sogar der Bundestag will sich damit beschäftigen ...
Hmmm ... bestimmt ein Untersuchungsausschuss.
Und was macht unser Klinsi?
Ab nach Amerika, dort wo Sonne ist und man Fussball nur so unter exotisch kennt. Was wollen wir eigentlich?
Okay wir wollen Weltmeister werden, ist eine nationale Aufgabe, weil erstens der Rubel rollt und zweitens glückselige Deutsche weniger hinterfragen, was in unserem Land schief läuft. Also haben alle grossen Gruppen, die an den Geldquellen sitzen ein grosses Interesse daran, das wir Weltmeister werden. Also lieber Herr Klinsmann, es wird eng. Operation WM...erst werden alle betäubt, dann schneiden wir das Schlimmste raus, ersetzen das Fehlende durch Neues und dann warten wir auf die Genesung und dann klappt das schon.

Gemischtes

05. März 2006

Irgendwie ist das seltsam mit der Liebe.
Man hat so ein Rumoren im Bauch,
weiss nicht so recht, was man zuerst tun soll
und vor allem, wenn man etwas gefragt wird,
dann antwortet man etwas völlig verkehrtes ...
menno.
Irgendwie weiss ich nicht mehr wo mir der Kopf steht,
auch egal.
So lässt sich besser schreiben.

Arbeit mal an meinem
Lexikon für Bayernbesucher weiter.

Ich möchte hier nicht weg - I verstoiber mi nit

Ich lauf weg - I stoiber mi

Weglaufgesellschaft - Stoiberismus

Staub wegmachen - I entstoiber

Schmelzkäse - Stoiberkas

Gemischtes

06. März 2006

Hmmm ...
Politiker bekommen Freikarten für alle WM Spiele?
Bei Beamten heisst das doch wohl Bestechung? Oder?
Ich weiss nicht wie lange es in diesem Land noch so
weitergehen soll, da stopfen sich alle die Taschen voll und
stellen sich dann noch in die Medien und verkünden voll-
mundig, zum Wohle des Volkes. Wenn ich es richtig ge-
lesen habe verlieren Rentner fast ein Viertel ihres zu-
künfigen Einkommens, was mit Sicherheit für den Gross-
teil heisst, ab zum Sozialamt. Man hat für dieses Land ge-
arbeitet und darf nun betteln, das man so über die Runden
kommt.

35 Millionen kassieren die Manager von Daimler / Chrysler
im Jahr. Irgendwie verstehe ich die Debatten um eine Um-
verteilung der Vermögen. Ich habe das Gefühl, das wir
wieder zurück in die Feudalzeit geraten, die Fürsten
(Konzerne) regieren über alle Köpfe hinweg, sind
niemandem Rechenschaft schuldig,
sondern NUR der Gewinnmaximierung.

Weiteres Beispiel Reiner Calmund, würde das ein normaler
Arbeitnehmer machen, er wäre fristlos gekündigt worden
und die Firma hätte auch noch Schadensersatz verlangt.
Ich denke es wird irgendwann nicht mehr möglich sein,
solche Zustände mit der Neiddebattenkeule zu beenden,
denn irgendwann wacht auch der Dümmste auf.
Arbeitnehmer werden immer mehr zu Nomaden der Arbeit,
sie werden irgendwann der Arbeit hinterherziehen. Ich
weiss nicht, ob die europäischen Gesellschaften sowas
vertragen, oder ob es nicht an der Zeit ist eine Revolution
der Dinge anzustreben, Europa war immer die Wiege der
grossen Veränderungen, was hindert uns daran?

Gemischtes

06. März 2006

Oh oh ...
der Tony Blair, man wer hätte das gedacht,
der hat direkten Draht zu Gott, am Vatikan vorbei.
Das lässt ja die Grundfeste der katholischen Kirche
wackeln, wenn sich das bewahrheiten soll.
Also Gott sass neben Blair, als dieser entscheiden musste,
ober er in den Krieg gegen den Irak zieht ...
sehr angestrengt nachdenkt ...
Lieber Tony ...
hast du eventuell George Bush und Gott verwechselt?
Überlege lieber mal genau Tony ...
du weißt ja sicher ...
Alter schützt vor Torheit nicht.
Nunja ...
die USA ...
das Land der Freiheit ...
(aber nur für die, die nicht gegen die Freiheit sind) ...
hat in Guantanamo wohl mehr ausprobiert,
als es so den Anschein hat.
Aber was will man erwarten,
das hat der gute George
bestimmt bei den Uramerikanern abgeschaut ...
den Marterpfahl.

Gemischtes

07. März 2006

Naja ...
jetzt macht der Kaiser Ernst, er mobbt jetzt den Klinsi,
der wird dann im Bundestag zum Zweitrainer abgewählt,
mit 98 % aller Stimmen, aller Parteien, die WM ist
schliesslich gefährdet und wir Deutschen nehmen das
Unternehmen WM sehr ernst. Der Kaiser wird zum Team-
chef gewählt, 100 % aller abgegeben Stimmen,
der Erich Honecker wäre froh gewesen bei so einem
Ergebnis. Also alles gut, keinen Ärger mehr mit Klinsi, der
Kaiser hat die WM nach Deutschland geholt und hat sie
gewonnen für Deutschland ...
also der Mann geht als Superlegende in die Geschichte ein.

Lese gerade das 54 % aller gefährlichen und schweren
Körperverletzungen von Jugendlichen unter 21 Jahren be-
gangen werden, auch bei den Raubüberfällen stellen diese
Jugendlichen die mit Abstand grösste Tätergruppe, man
nennt es ja verharmlosend „Abziehen". Wenn ich sehe,
das Kinder ab 13 Jahren schon rauchen, anfangen zu kiffen,
wenn Jugendzentren geschlossen werden, wenn Eltern
immer weniger verdienen, wenn die schöne virtuelle Welt
gefeiert wird, was wundert da einen noch?

Gemischtes

09. März 2006

Habe gerade gelesen, das auch bei uns die Zwangs-
heiraten unter Muslime zugenommen hat, ich denke, das
man sich einig darüber ist, das sowas gegen die
Menschenrechte und auch gegen die Würde der Frau ver-
stösst.
Bei allem was passiert ist, sollte man nicht vergessen,
das auch der Nationalismus eine gewichtige Rolle im Streit
zwischen den Religionen ist, auch hier sind Ansätze zu
machen, um auf Zukunft gesehen Perspektiven für die
moslemischen Länder zu eröffnen. Wobei eins sicher ge-
sagt sein muss :
Wer seiner Geschichte nicht gewachsen ist,
wird auch der Demokratie nicht gewachsen sein.

2006 Frauen schlechter bezahlt.
Man muss sich hier einige Fragen stellen, warum ist es
heute noch so, nachdem es doch wirklich bekannt ist, das
Frauen in Führungspositionen den Männern in Nichts nach-
stehen, sondern eigentlich einiges Voraus haben. Aber
lässt eine von Männern geprägte Welt das zu?
Offensichtlich nicht, denn dann wäre ja ein anderes Ergeb-
nis da. Ich für meinen Teil kann nur sagen, das ich eine
Menge von Frauen gelernt habe und diese Fähigkeiten
mich in der Berufswelt um einiges weitergebracht haben,
um nicht zu sagen, ich habe gegenüber meinen Kollegen
eine Menge Vorteile.
Also ... wer es Ernst meint mit Menschenrechten, mit einer
besseren Welt für die Kinder, für fairen Wettbewerb
zwischen den Nationen usw., der sollte mal öfter ein
Gespräch mit einer Frau führen.

Gemischtes

09.März 2006

Ach ... wie gut das niemand weiss ...
das ich Jürgen Klinsmann heiss.

Wie verlogen ist doch die Politik ... Kongo ...
wieviel Geld kostet es uns Europäer, wenn wir für unsere
EU Verfassung einstehen?
Was sind Menschenrechte wert, wenn die nach Euro be-
rechnet werden?
Wie ernst ist es uns Europäern mit dem vereinten Europa?
Was haben die Bürger Europas von dieser Politik und von
diesen Politikern? ... Kosten ... Steuererhöhungen ...
Abbau der sozialen Standards ...
wachsende Macht der Konzerne ...
Aushöhlung der Arbeitnehmerrechte ... schöne neue Welt.

Oh ... Klinsi muss nach Deutschland sofort.
Der Arme, wie schnell bekommt man denn ein Ticket?
Franzl, Franzl ...
also der Jürgen Klinsmann ist der Gastgeber der
WM 2006 in Deutschland. Danke für den Tip ...
werde Klinsi mal direkt wegen Karten anschreiben und wie
ich ins Stadion komme und vielleicht auch mal in die
Kabine, ausserdem würde ich mal gerne neben Klinsi
beim Spiel sitzen und vielleicht könnte ich ja auch mal ein
paar Anweisungen vom Spielfeldrand reinschreien ...
Ja ... spielen könnte ich doch auch ein bischen,
schliesslich habe ich ja mal in der Kreisliga gespielt, vor
30 Jahren und eigentlich könnte der Klinsmann doch in
den USA bleiben ... ich bin doch da.

Gemischtes

10. März 2006

Nun ist es also raus, das grosse Werk der Politik,die
Föderalismuskonferenz hat ihr dickes Ei gelegt, Bildung
wird zum Reisespiel. Es war bisher schon so, das Deutsch-
land im internationalen Vergleich schlecht ausgesehen hat,
nun wird das noch verschärft, weil das Gefälle bei den
Bundesländern noch drastischer wird. Theoretisch kann es
dann passieren, das, wenn man Kindern eine gute Schul-
bildung ermöglichen will, man in ein anderes Bundesland
umziehen muss.
Bildungsnomaden.
Auch NRW hat die Bildung auf sein Banner geschrieben,
dort sollen letztendlich die Lehrer entscheiden, auf welche
Schule ein Kind gehen darf.
Ich glaube es wäre besser, wir wären Analphabeten und
wieder im alten Rom. Gebt uns Brot und Spiele, dann
lassen wir euch gewähren, liebe Politik.
Demokratie ist eigentlich etwas anderes.

Hmmm ... die Linkspartei ... grübel ...
der Oskar hat ja schon immer links überholt, sogar manch-
mal sich selber, aber der Gysi? Der kam doch nie runter
von der linken Spur ... und nun die Beiden zusammen.
Also erstmal was ist Links? Wenn ich nach Norden schaue
dann zeigt mein linker Arm nach Westen ... Frankreich?
Hat auch Linke. Die sind so link, das sie sogar die rechte
Regierung überholen, obwohl das Linksfahren ja die Briten
machen. Puh ... schwer mit dem Links. Okay ...
Oskar wohnt links der Saar, kann also nur ein Linkser sein.
Aber der Gysi, der wohnt doch mitten-
drin? Ist Links mittendrin? Bin total verwirrt ...
jetzt suche ich schon links meine rechte Tasche ... tz tz.

Gemischtes

11. März 2006

Oh Mann ... was für eine Stimmung, ich sollte mich mal
auf die Herdplatte setzen, dann habe ich zumindest am
Hintern das Gefühl der Hitze, vielleicht klappt es ja dann
mit mir.
Zum Nachbarn kann ich ja nicht, meine Gläser sind nicht
sauber.
Jetzt schneit es auch noch wie verrückt ... menno ... oder?
Nachdenkt ... ja, genau ... dann kann ich mal mit mir
Schlitten fahren, so richtig, das mache ich auch.

Dresden hat seine städtischen Wohnungen versilbert, an
eine US - Investmentgruppe. Begründung ist die Sanier-
ung des städtischen Haushaltes. Hier stellen sich für mich
doch einige Fragen, die städtischen Wohnungsbaugesell-
schaften hatten ja vor allem dafür gesorgt, das Mietwohn-
ungen bezahlbar waren, vor allem für Menschen mit
geringen oder mittleren Einkommen. Ausserdem wurden
die städtischen Wohnungsbaugesellschaften durch die
Steuergelder der Bürger finanziert, natürlich auch die
Posten für die altgedienten Parteisoldaten aller Parteien.
Nun also hat ein Wirtschaftsunternehmen den gesamten
städtischen Wohnungsbestand. Ich denke es erübrigt sich
was da passieren wird.
Aber es ist eine interessante Idee. Wann wird denn
Heidelberg an die Amerikaner verkauft?
Oder München an die Japaner?
Eigentlich könnte man ja auch Berlin verkaufen,
am besten an eine Bananenrepublik,
denn so langsam wächst in mir das Gefühl,
das wir davon nicht mehr weit entfernt sind.

Gemischtes

11. März 2006

Es wird Zeit, das man langsam anfängt zu begreifen, das
wir in keiner Demokratie leben, sondern in einerParteien-
oligarchie. Demokratie heisst für mich Wandel, eine Demo-
kratie geht mit der Zeit und die Bürger sind in den Ent-
scheidungsprozessen mit eingebunden, sie haben Gestalt-
ungsmöglichkeiten und wirken mit am Wohl des Staates.
Aber die Parteien verhindern mit aller Macht eine Ausweit-
ung der Entscheidungsrechte von Bürgern. Ist ja auch klar,
wer geht schon freiwillig von den Futtertrögen weg, die die
Parteien ernähren. Es ist an der Zeit, das die Bürger dieses
Landes mal nicht nur meckern und jammern, sondern mal
was tun. Man fängt kommunal an. Man suche einen Kreis
Gleichgesinnter, suche eine kleine Partei im Stadtrat aus,
werde dort Mitglied, Mitglied, Mitglied, bis soviele Mitglieder
eingeschleusst sind, das sie die Mehrheit haben. Dann
fängt man an das Gefüge dieser Partei zu verändern und
zwar zum Wohle der Stadt, für mich sind solche Ämter wie
Stadtrat und nach oben hin, immer noch Ehrenämter, die
ich zum Wohle der Gesellschaft ausübe, nicht zum Wohle
meiner Selbst oder der Partei, der ich angehöre. So sollte
man langsam die Parteien unterwandern und dem Grund-
gesetz Genüge tun.

Gemischtes

11. März 2006

Artikel 21

[Parteien]

(1) Die Parteien wirken bei der politischen Willensbildung des Volkes mit. Ihre Gründung ist frei. Ihre innere Ordnung muss demokratischen Grundsätzen entsprechen. Sie müssen über die Herkunft und Verwendung ihrer Mittel sowie über ihr Vermögen öffentlich Rechenschaft geben.

(2) Parteien, die nach ihren Zielen oder nach dem Verhalten ihrer Anhänger darauf ausgehen, die freiheitliche demokratische Grundordnung zu beeinträchtigen oder zu beseitigen oder den Bestand der Bundesrepublik Deutschland zu gefährden, sind verfassungswidrig. Über die Frage der Verfassungswidrigkeit entscheidet das Bundesverfassungsgericht.

(3) Das Nähere regeln Bundesgesetze.

Die Parteien wirken mit, sie bestimmen nicht, das lese ich aus dem Grundgesetz. Die Wirklichkeit ist aber eine andere.

Gemischtes

12. März 2006

Oha ... die Formel 1 ist ja wieder da ... cool, endlich sieht
man wieder Sinnvolles. Es dreht sich alles im Kreis, laut
und dröhnend. Und wir haben wieder eine Polarisations-
figur, den Schumi.
Ich denke der Franz Beckenbauer und der DFB werden
froh sein, das die Menschen nun etwas Ablenkung haben
und weniger auf Fussball schauen im Moment.

Tja ... das liebe Geld, es macht aus uns nichts Gutes, es
verbiegt uns, es macht uns krank, es macht uns un-
menschlich.
Statussymbol, wem bringt das was? Dem Ego?
Ist es eine Form der Selbstbefriedigung?
Was hat man davon?
Manche sagen, Geld macht nicht glücklich, aber es be-
ruhigt. Nunja ... dann stimmt doch etwas in unseren Ein-
stellungen nicht, wenn das Leben nicht nach dem Glück
ausgerichtet ist, sondern eher nach der Beruhigung.
Irgendwie ticken wir Menschen nicht richtig, Fehler der
Evolution? Oder eine Degeneration bedingt durch äussere
Umstände? Ich muss darüber weiter nachdenken.

Wer stoibert da durch Nacht und Wind, verwirrt die
Republik auf der Suche nach dem geistigen Kind?

Gemischtes

16. März 2006

Hmmm ...
irgendwas ist doch da nicht in Ordnung, die niedrigste Ge-
burtenrate in Europa, dazu eine Negativentwicklung der
Reallöhne.
Ich denke es ist an der Zeit, der Realität ins Auge zu
schauen, die regierenden Parteien, egal welche es waren,
haben seit über 20 Jahren versäumt etwas für das Land in
die Wege zu leiten. Eigentlich müsste man die Abge-
ordneten verklagen, weil sie den Eid zum Wohle des
Volkes, mit Sicherheit nicht eingehalten haben. Möchte
natürlich nicht pauschalisieren, aber ich denke, ein bischen
polarisieren ist okay.
Also, mittlerweile glaube ich in diesem Staat an Nichts
mehr, ich denke es liegt an uns etwas zu tun.
Habe heute gehört, da haben in Remscheid Bewohner
einer Strasse zuviel Geld an die Stadt bezahlt, nun be-
kommen sie nichts zurück, weil sie keinen Widerspruch
eingelegt haben, gegen einen Bescheid, der klar falsch ist.
Was wollen die Politiker?
Muss ich gegen jede Entscheidung, die von amtswegen
fällt Widerspruch einlegen? Bezahlen wir die Menschen in
den Rathäusern und in den Verwaltungen nicht aus
unseren Geldern? Was für ein Recht ist das?
Diese Republik ist keine Bananenrepublik, nein
viel schlimmer.
Es ist ein Selbstbedienungsladen geworden.
Und die Zeche bezahlt die Allgemeinheit.
Ich fass das wirklich nicht ... kopfschüttelt.

Gemischtes

16. März 2006

Aha ... es entsteht ein neuer Pharma Gigant ... grübel ...
wie wird das weitergehen?
Nach der Elefantenhochzeit ist der Hunger ja nicht gestillt,
sondern es geht ja weiter.
Also fusionieren die Giganten weiter, werden zu
Super - Giganten und dann?
Bleibt einer übrig? Diktat des freien Marktes?
Wenn so eine Dominanz herrscht, ist der freie Markt in
Frage gestellt ... Guido??? ... wo bleibst du?
Wo ist die gelbe Macht, die uns Arme rettet aus diesem
Dilemma?
Also keine funktionierende Demokratie mehr,
kein freier Markt,
Börse ist ein Spielcasino,
Nehmen ist besser denn geben.
Ich wander wohl besser nach Stoiberland aus, da
stimmen noch die Berge, die sind echt.
Ich glaube ich bin doch so langsam für die
Stoiberisierung der Bundesrepublik.

Gemischtes

17. März 2006

Führt Gerechtigkeitssinn zur Ungerechtigkeit???
In der Bibel steht, du sollst nicht töten.
Was machen wir daraus?
Mord … Mord aus niederen Motiven … Totschlag …
Töten im Affekt … Töten aus Notwehr … usw.
Ich frage mich, was bezwecken wir damit?
Irgendwie scheinen wir einen falschen Gedankengang
darin zu haben.
Wen wollen wir beschützen, wer soll bestraft werden?
Wer bekommt Recht und wer hat Unrecht.
Es gibt Täterschutz, es gibt Opferschutz, nur,
wie wird das gewichtet?
Was hat Vorrang, wo fängt es an ungerecht zu werden?
Hmmm …
ich gehe jetzt mal davon aus, ich würde jemanden töten,
weil ich sein Geld haben will, als Beispiel.
Dieser Ermordeter ist verheiratet und hat zwei Kinder.
Beleuchten wir mal diese Situation.
Diese Familie verliert ihren Miternährer,
die Frau ihren Partner den sie liebt,
die Kinder ihren Vater, den sie lieben
und brauchen für ihre Entwicklung.
Also die Fakten sind,
diese Familie verliert den Grossteil ihres Einkommens,
die Familie verliert eine Bezugsperson
und trägt psychische Schäden davon,
kurz gesagt, eigentlich ist das Leben dieser Familie auf
den Kopf gestellt und sie haben nichts mehr so,
wie es vorher bei ihnen war.

Gemischtes

17. März 2006

Ich der Täter, was habe ich?
Meine Situation verändert sich insofern,
das ich eingeschlossen werden soll,
also ins Gefängnis muss.
Gut … gehen wir davon aus, das ich die Tat bereue.
Das würde vor Gericht für mich sprechen, also ein paar
Jahre weniger, nur für den Satz …
es tut mir unendlich leid …
ich bereue zutiefst …
Der Anwalt könnte mir ja auch dazu raten sowas zu sagen,
also zu heucheln, ich bereue nicht, sage es aber.
Dann könnte ich ja versuchen, eine gewisse
Unzurechnungsfähigkeit für mich in Anspruch zu nehmen,
das heisst also ich habe die Tat in einem Zustand getan,
der vor Gericht als mildernd angesehen werden kann.
Also als Täter habe ich eine Reihe von Möglichkeiten,
mein Strafmass irgendwie abzumildern.
Irgendetwas ist hierbei nicht logisch …
Ich muss mich damit mal intensiver beschäftigen,
es lässt mir keine Ruhe, wir stehen auf der Strasse
und demonstrieren für Menschenrechte … irgendwo …
dabei vergessen wir diese Rechte anscheinend in
unserem direktem Umfeld.
Und ich nehme mich davon nicht aus … grübel.

Gemischtes

21. März 2006

Heute muss ich mal wieder eine Dienstreise
nach Aachen machen, eigentlich mal wohltuende
Abwechslung zum normalen Firmenalltag.
Aber irgendwie passt mir diese Welt nicht mehr so
richtig, es fehlen die Herausforderungen, man macht
nur noch Dinge, die eigentlich schon durchdacht sind
und jetzt nur noch auf den Weg gebracht werden.
Aber egal ...
bei der Fahrt kann ich halt etwas nachdenken
über mich und meine Situation.

Also Bilanz ziehen :

260 km Hin und Rückfahrt
09.00 15.15 Uhr unterwegs gewesen
11.45 13.15 Uhr Gespräch in der Firma
1 Stunde 30 Minuten Gespräch
6 Stunden 15 Minuten unterwegs für dieses Gespräch
6 Stunden 15 Minuten minus
1 Stunde 30 Minuten gleich 4 Stunden 45 Minuten
Davon 2 Stunden im Stau
Bilanz?
Kapitalismus ist nicht effektiv.

Gemischtes

22. März 2006

Hmmm ...
ich überlege gerade worüber ich was schreiben soll.
Brennen von CD's oder DVD's?
Oder das es heute ein warmer Tag war?
Irgendwie weiss ich nicht recht, wie ich anfangen soll,
habe nur gelesen, das in Afghanistan ein Christ
vor Gericht steht, der vormals Moslem war und das hier
grosses Theater darum ist.
Ich denke man sollte den Prozess abwarten und kann
dann gezielte Massnahmen einleiten.
Irgendwie bin ich müde,
das ganze Elend in der Welt und auch hier
in Deutschland an mich heranzulassen,
dabei bleibt man irgendwann auf der Strecke.
Ich glaube ich sollte einfach wieder nur Kunst machen.

Gemischtes

23. März 2006

Das Alter ...
das Alter scheint eine altersbedingte Sache zu sein.
Fragt man jemanden nach seinem Alter, so altert er sich
meistens jünger und verschleiert sein wahres Alter.
Was darauf schliessen lässt, das Alter irgendwie zum
Flunkern verführt.
Man sollte jetzt nicht annehmen, das Alter automatisch
etwas mit dem Gehirn zu tun hat ...
nein, es hat so wie ich es vernommen habe,
etwas mit Zellen zu tun.
Die Zellen scheinen zu altern.
Aber was heisst das?
Muss ich in Zukunft die Wahrheit sagen?
Ja ... werde ich ... wenn mir jemand sagt du bist aber alt,
werde ich antworten. ... Falsch,
nicht ich bin alt, sondern meine Zellen sind alt.
Alter soll noch so seltsame Auswirkungen haben, man soll
öfter Torheiten begehen, Männer sollen da über-
proportional oft neu heiraten wollen, obwohl sie es schon
waren. Das finde ich wirklich seltsam, wozu das Ganze?

Frauen scheinen da andere Probleme zu haben, sie de-
finieren Alter häufig anders als Männer, sie meinen sie
haben ein reifes Alter. Verstehe ich irgendwie nicht ...
was haben denn Frauen mit Obst zu tun? Oder meinen
sie damit, das sie besser schmecken? Weil reif?
Naja ... da gibt es noch so viele Ungereimtheiten, warum
sagt man zu jemanden der älter ist, er soll sich nicht wie
ein Teenager benehmen, das passt doch garnicht zu dem
Alter. Irgendwie scheinen wir beim Alter alles misszuver-
stehen.
Also werde ich mir weiter Gedanken darüber machen.

Gemischtes

24. März 2006

Manchmal ist es schwer, etwas schreiben zu wollen,
der Kopf ist ganz woanders, die Gedanken springen kreuz
und quer, aber irgendwie muss eine gewisse Disziplin sein.
Ich glaube ich sollte mal ein paar Briefe schreiben, zum
Beispiel an unsere Stadtwerke, deren Busse sind doch so
oft leer und somit kommt kein Geld in die Kasse,
habe da so ein paar Ideen. Wie wäre es mit einer Linien-
busparty, an jeder anzufahrenden Haltestelle findet ein
Event statt. Oder ... Fahrgäste dürfen auf den Schoss des
Busfahrers, Nahverkehr nennt sich das doch ... oder?

Auch ein Brief an die Stadtverwaltung wäre denkbar, da
könnte man doch Geld reinholen für die knappe Stadt-
kasse, indem man Fremdsprachenkurse anbietet.
Zum Beispiel :
Beamtendeutsch für Anfänger
Beamtendeutsch für Fortgeschrittene
Beamtendeutsch für Ausländer
Teurer, da dort mit Bildelementen gearbeitet werden muss.

Oder ...
Finanzkurse
Wie ruiniere ich einen Haushalt und saniere mich selbst.
Wie komme ich am schnellsten an eine Rente.
Warum ist Korruption nicht gleich Korruption.
Weswegen ist Deutschland besser als Italien.
Naja ... nicht Fussball, sondern verschleiern von
Verfilzung und Korruption.

Gemischtes

24. März 2006

Hmmm ...
könnte ja auch mal an den Medizinischen Dienst
der Stadt schreiben, was ich denn tun soll,
ich liebe mich, aber diese Liebe wird nicht erwidert
und das wiederum macht mich krank und daher muss ich
doch Hilfe bekommen, weil ich ja als Steuerzahler
ausfalle, wenn ich keine Arbeit mehr habe, bloss weil ich
meine Liebe nicht erwidere. Ich merke schon die ersten
psychosomatischen Folgen, das Bier schmeckt nicht
mehr und die Erdnüsse sind salzig, blöder Koch oder
blöder Röster.
Ich glaube, ich gehe mal ins Bett
und versuche mal krank zu sein.

Gemischtes

25. März 2006

Heute stehen Gespräche an, die tief in meine
Lebenssituation greifen, ich hoffe das ich das gut
hinbekomme.
Ansonsten habe ich in mir den alten Frust,
das manchmal die Dinge nicht veränderbar sind,weil
man einfach nicht den nötigen Druck aufbauen kann.
Irgendwie sind wir Deutschen zu leidensfähig
und nehmen viele Dinge einfach lethargisch hin.

Ich muss nochmal auf das Alter zurückkommen,
stellt euch vor, da ist doch so ein junger Mensch auf mich
zugekommen und hat gesagt ...
Hey Alter, wie geht es dir ... ich war geschockt ...
ich heisse doch Müller.
Nachdem ich mich von dem Schock erholt hatte,
stotterte ich zurück ...
Hey junger Mann, mir geht es gut und wie geht es dir? ...
Da guckt mich dieser junge Mensch entsetzt an
und sagt ...
Man ich bin doch kein junger Mann mehr, was soll das?
Irgendwie war ich jetzt vollkommen irritiert.
Da ist jemand jung, will aber alt sein, ich fühle mich jung,
werde aber als Alter angesehen,
irgendwie ist das mit dem Alter absolut nicht geklärt,
da müssen wir dringend noch dran arbeiten.

Gemischtes

25. März 2006

Es gibt da soviele ungeklärte Fragen, warum sagt
man nicht einfach zu einem jungen Menschen ...
Hey Junior ... und zu einem älteren Menschen ...
Hey Senior.
Hmmm ...
wie sieht das bei weiblichen Menschen aus? ...
Hey Juniorin ... Hey Seniorin?
Das gefällt mir irgendwie auch nicht.
Ich glaube das muss man mal mathematisch biologisch
angehen, also streng wissenschaftlich.

00 - 02 Jahre BabyIn
02 - 04 Jahre JuniorbabyIn
04 - 05 Jahre SeniorbabyIn
05 - 07 Jahre KindIn
07 - 09 Jahre JuniorkindIn
09 - 12 Jahre SeniorkindIn
12 - 14 Jahre PubetierkindIn
14 - 15 Jahre PubertierjuniorkindIn
15 - 16 Jahre PubertierseniorkindIn
16 - 17 Jahre TeenagerIn
17 - 18 Jahre TeenIn
18 - 20 Jahre BundeswehrIn
Ich muss mir da nochmal den Kopf zerbrechen, irgendwie
ist da auch ein Fehler.
Nunja ... ich werde schon dahinter kommen.

Gemischtes

26. März 2006

Hmmm ... heute sollte ich mich mal mit Dingen be-
schäftigen, die mir noch seltsam vorkommen.
Da behaupten doch einige,
das sie die Sterne vom Himmel holen wollen.
Ich überlege gerade, wer denn die Leitern bauen kann
und vor allem, was will den jemand mit dem Planet Mars
zum Beispiel, der passt doch nicht auf den Wohnzimmer-
schrank oder ins Schmuckkästchen ... tz tz.
Also zu der Sache kann ich noch sagen ...
Mensch, bedenke was Du sagst, denn hast Du keinen
Boden unter den Füssen, hast Du auch keinen Halt.
Ach ...
und es soll auch welche geben, die tragen ihre Frauen
auf Händen ... grübel ... bekommen die Sozialhilfe? ...
die können doch dann garnicht arbeiten. Ob das viele
machen?
Da muss man ja ziemlich Kraft haben um das ein Leben
lang durchzuhalten, vielleicht haben deswegen Anabolika
so einen reissenden Absatz.
Also ich mach das auf keinen Fall,
erstens wäre mir das viel zu anstrengend
und zweitens käme ich ja durch keine Tür.
Ist völlig unpraktisch sowas.

Gemischtes

27. März 2006

Fein ... unser Bundestagspräsident bekommt 25.000
als neutraler Beobachter von Firmenaktivitäten, die auf
keinen Fall etwas mit dem Bundestagsmandat zu tun
haben ... nie nicht.
Sicher, er wird das Geld einer gemeinnützigen Stiftung
spenden, aber damit mindert er auch seine Steuern, also
muss man eindeutig sagen, das er im Eigeninteresse
handelt und nicht zum Wohl des Volkes, oder würde er
sich dafür einsetzen, das ich 25.000   steuermindernd
geltend machen kann?
Ich denke ... Hey hey Banana, Banana Republika ...
Grübel ... denke ich falsch? Ist das die Vorbereitung für
den grossen Coup?
Das Deutschland mit Einwanderern vorm Aussterben be-
wahrt werden soll?
So eine geheime Bundestagaktion?
Also dann tippe ich auf Südamerika ... die kennen ja das
Bananarepublika auch. Ob die mit Chile oder Peru ver-
handeln, das die nach Deutschland umziehen?

Hmmm ...
dann hätten die Amis Platz für ihre Fruitcompanies und
müssten sich nicht mit irgendwem da rumschlagen.
Ich bin begeistert ... wie fähig doch unsere Politik ist,
also liebe Leute, nicht schimpfen, da tut sich was,
die arbeiten, die machen, die schaffen, die raffen, kaufen
und verkaufen.
Ich gehe wieder wählen, ernsthaft, auch nicht mehr
taktisch ... weil das macht mich demütig,
ich ziehe den Hut.

Gemischtes

27. März 2006

Öffentliche Entschuldigung

Liebe Politiker und Innen,

ich werde nie wieder annehmen, geschweige auch nur
denken, das sie nicht im Interesse von uns handeln.
Ich neige demütig mein Haupt vor ihrer schweren Arbeit,
mir würde es auch schwerfallen, meine Bezüge offen-
zulegen, oder öffentlich zu machen, das ich insgeheim
doch in einem Aufsichtsrat sitze, der doch das Land vor-
wärts bringt.
Strom für Alle, Autobahnaktien für das Volk.
Kann man eigentlich den Bundestag nicht privatisieren?
Hmmm ... Köhler für Nike, Müntefering für Falke - Socken,
aber nur das rote Sortiment,
Frau Merkel?... nunja ... Rotkäppchensekt ... das ist es.
Ich liebe dieses Land und werde alles dafür tun,
das es unser Land bleibt.
Was??? ...
Ich soll Kinder machen?
Sorry ...
ich muss nachdenken.

Gemischtes

28. März 2006

Also heute geht mir soviel durch den Kopf, ich weiss nicht
wie ich das ordnen soll. Einmal frage ich mich, sind wir
Menschen Einzelwesen oder Gruppenwesen ... und
welche Auswirkungen hat das auf unser Gesellschafts-
system.
Wenn ich als Einzelwesen auf mich selber angewiesen bin,
heisst das ja, das ich mit allen Mitteln die ich habe für
meine Existenz kämpfen muss und wohl auch werde,
weil ich überleben will.
Als Gruppenwesen kann ich auf Hilfe in allen Situationen
hoffen, oder muss Andere davon überzeugen mir zu helfen.
Elementare Bedürfnisse werden wahrscheinlich über die
Gemeinschaft befriedigt.
Wenn ich das so betrachte, verstehe ich nicht wirklich,
warum wir Menschen so Schwierigkeiten haben mit-
einander auszukommen. Da muss ich mich mal intensiver
mit beschäftigen.

Mensch,
wo bist du noch Mensch,
macht einer etwas, was du nicht verstehst,
ab in die Schublade, katalogisiert.

Gemischtes

28. März 2006

Hmmm ...
Mann ... Mann ... Mannomann ...
haben wir eigentlich Wechseljahre?
Also ich meine ja ... habe so Wallungen ... nunja ... nicht
das was ihr jetzt denkt ... das wäre ja Arbeit.
Also echt ... was ist Midlifecrisis?
Man denkt über das abgelaufene Leben nach, stellt fest,
das kann nicht alles gewesen sein und stellt alles auf den
Prüfstand. Und dann?
Also ich prüfe mal bei mir ...
Mein Leben war eindeutig zu schnell, ab sofort soll es
langsamer sein, mal sehen, was mein Chef sagt.
Ich bin auch zu schnell gealtert, trotz Sport und sowas,
ach ja ... die Sonne hat ja Schuld, die Haut altert schneller,
also ab sofort Sonnenverbot, Solarien werden als
midlifekrisenfördernd eingestuft und dort darf man erst
wieder ab 70 Jahren rein.
Ach da war doch noch was ... Hormone ...
die sollen da verrückt spielen ...
suche verzweifelt wo bei mir diese Dinger sind, bin schon
total fertig, vielleicht kann mir ja einer mal einen Tip geben,
wo die Hormone sich verstecken.
Okay ... ich suche mal weiter,
bin ja auch nur Mann und die sollen ja nicht aufgeben ...

Gemischtes

31. März 2006

Ich bekomme einen Hals, wenn ich jetzt die Politiker
höre, wie sie den Fall von Gewalt an der Berliner Schule
aufnehmen und kommentieren.
Ich weiss noch das wir vor 15, 16 Jahren mit den
Kommunen diskutiert haben, man soll keine Ghetto-
bildung bei den Einwanderern zulassen, das die Sprache
ein entscheidender Grund für Nichtintegration ist. Wir
haben ellenlang geredet, das auf keinen Fall im Jugend-
und Kulturbereich die Haushalte gekürzt werden darf,
weil das sehr wichtige Felder sind, die das Zusammen-
leben fördern.
Die Politik hat nichts davon getan, nichts angenommen ...
eher ... gegenteilig gehandelt, man hat repräsentative
Gebäude gebaut, man hat Tochtergesellschaften der
Stadt gegründet, mit der Denkweise, damit kann man ja
Parteileute egal welcher Partei sie auch waren, mit
Posten versorgen, der Steuerzahler hat ja immer die
Zeche zahlen dürfen.

Gemischtes

31. März 2006

Ich weiss nicht, aber ich werde das Gefühl nicht los,
das wir hier in Deutschland irgendwie nicht aufwachen.
Ich denke die Zeit ist vorbei, wo man auf einen Konsenz
setzen kann. Es wird Zeit, das man sich wehrt und das
man diese Parteienoligarchie zu Fall bringt.
Ich mag auch jetzt nicht über irgendwelche Ideologien
reden, diese passen auch nicht mehr in die Zeit.
Und auch der sogenannte Kapitalismus ist zu einer
Id(i)ologie verkommen, hat sich weit von der Grundidee
verselbstständigt. Es ist also nun wichtig, alles auf den
Prüfstand der Geschichte zu stellen und zu formulieren,
was man will, wohin man will und was man bereit ist
dafür zu tun.
Wir steuern in eine Zeit des Umbruches und wenn hier
nicht Weichenstellungen getätigt werden, die die Macht
der Parteien beschneidet, dann sehe ich nicht
optimistisch in die Zukunft.

Gemischtes

2006

Der Mann ein unverstandenes Wesen?

Teil I

Woran macht sich das qualifizierte Mannsein fest? ...
Dazu müsste man erst einmal versuchen hinter die
synchrone Wachstumspotenz des Mannes zu schauen.
Was stellen wir dort fest? ...
Zum einen ist ganz klar zu sagen, das der Mann in jeglicher
Form eine funktionelle Organisationsphase hat, die sich in
mehreren Übergangsebenen aufteilt. Zum anderen ergibt
sich aus einer progressiven Aktionstendenz, die sich auch
in Ebenen äussert, eine Vielzahl von Strukturmustern,
die typisch für das männliche Verhalten sind.
Verbleiben wir mal bei der synchronen Wachstumspotenz.
Es scheint nach neuesten Forschungen, wobei gerade das
Münchner Institut für Humanwissenschaften bahnbrechende
Erfolge zu verzeichnen hatte, kein Zweifel mehr zu bestehen,
das die synchrone Wachstumspotenz des Mannes sich
ableitet aus seinem Hang zur permanenten
Führungstendenz.
Das führt naturgemäss zu einer Konfliktsituation im Manne
selbst.
Er hat keine integrierte Drittgenerationsprogrammierung,
die evolutionär angelegt ist, dadurch gerät der Mann immer
wieder in prekäre Jagdsymptome, die ihn situationsbedingt
dazu bringen den „ Cum Infamia Effekt „ zu ignorieren.

Geblödeltes

2006

Nehmen wir nun ein Fallbeispiel eines Mannes mit einer
systematischen Identifikationstendenz.
Wie ist sein Verhaltensmuster?
Als erstes stellt die Forschung fest, das diese Männer in
einer vorpubertären Übergangskrise stecken, sie ver-
wechseln eindeutig die steinzeitliche Instinktphase mit der
heute üblichen emanzipatorischen Selbstfindungsphase.
Das führt eindeutig zu Fehlinterpretationen der Realitäten,
das heisst also, diese Männer haben einen eindeutigen
Defekt in ihrer Führungspotenz.
Wie wirkt sich das nun im gesellschaftlichen Kontext aus? ...
- Erstens, es führt zu funktionellen Zerstörungen der
Selbstfindungsprozesse.
- Zweitens, es wirkt sich auf das Umfeld kontraproduktiv
aus, weil das Ergebnis nicht erreicht wird, was man durch
das Verhalten haben will.
- Drittens, es führt zu dem sogenannten Hamsterradeffekt,
der einem vorgaukelt, sich nach vorn zu bewegen, dabei
ist es nur eine Kreistangenzbewegung, die vollzogen wird.
- Viertens, das Fehlen der progressiven Aktionspotenz
führt zu veränderten, teils egomanischen, bis hin zu
traumatischen Fluktuationsverdrängungen.
Die neuesten Forschungen kommen zu dem Schluss,
das diese Männer eindeutige Krankheitssyndrome haben,
die dringend einer psychoanalytischen Untersuchung
unterliegen und unbedingt einer stationären Behandlung
bedürfen. Nach Erkenntnissen der beteiligten Kliniken, ist
mit einer Verweildauer von 5 Jahren zu rechnen, erst
danach ebben die Symptome ab.

Geblödeltes

2006

Irgendwie bin ich heute melancholisch, mir fehlt etwas
ganz doll. Vielleicht sollte ich mich mal hinlegen und etwas
schlafen, weil heute morgen bin ich bald auf die April-
scherze im Radio reingefallen, also war ich mit meinen Ge-
danken wohl nicht da.

Hmmm ... die Frau das unbekannte Wesen ...
Ich habe Unmengen von Literatur darüber gelesen und bin
da auf eine interessante Sache gestossen ... die Frau soll
eine progressive Interpretationsstruktur haben ... das hat
mich neugierig gemacht.
Zum einen wird gesagt, das die Frau eher qualifizierte
Organisationsflexibilitäten hat, als der Mann ... deswegen
die Werbung mit der Managerin in einem Familienbetrieb ...
verstehe das jetzt.
Also, wenn ich progressiv interpretiere, dann tue ich doch
eigentlich nichts anderes als nach vorne gehen, schauen,
handeln.
Okay ... dann verstehe ich auch warum Beifahrerinnen im
Auto immer sagen ... schau nach vorn ... nimm die Hand
weg und tu sie ans Lenkrad.
Also Frauen handeln demnach innerhalb einer perm-
anenten Koalitionskonzeption, was dazu führt, das sie
kommunikativ eine Fremdsprache beherrschen, die wir
Männer noch nicht entschlüsselt haben.
Dies führt naturgemäss zu gewaltigen Problemen, wissen-
schaftlich wird das ambivalente Kommunikationsdivergenz
genannt und führt zu sehr kontroversen Diskussionen
innerhalb der wissenschaftlichen Disziplinen.

Geblödeltes

2006

Die Psychologen behaupten, das die ambivalente
Kommunikationsdivergenz eine als tertiär zu betrachtende
Übergangsprogrammierung des weiblichen Gehirns ist,
weil dies innerhalb der evolutionären Entwicklung von
Mann und Frau zur Überwindung des Apfelkomplexes
geführt hat, während der Mann in seiner synchronen
Wachstumspotenz stehen geblieben ist.
Andererseits sagen die Genetiker, das innerhalb der Helix,
bei der Matrix am rechten Rand ein Gen entdeckt wurde,
das irgendwie nicht dahin gehört.
Fundamentale Christen in der USA nahmen das als Anlass
zu behaupten ... und die Bibel hat doch recht.
Die Genetiker sehen also eher eine funktionelle
Interpretationsproblematik und werfen den Psychologen
einseitiges denken vor.
Die Biologen sind wieder ganz anderer Ansicht, sie meinen,
das dieses Problem schon vor der Menschwerdung war
und sich schon bei Amöben feststellen lässt, weil diese bei
der Vermehrung ihrer selbst auf einen Effekt zurückgreifen,
der der ambivalenten Kommunikationsdivergenz gleicht,
sie bezeichnen das als integrale Vermusterung von
Zellstrukturen.
So ... mir raucht der Kopf ...

Geblödeltes

2006

Ich war von Donnerstag bis Samstag in München. Es war
wundervolles Wetter und ich hatte somit viel Gelegenheit
mir München anzuschauen.

Da sind mir doch ein paar gravierende Dinge aufgefallen.
Diese Sachen liessen mir keine Ruhe und ich versuchte
dahinter zu kommen, warum manche Dinge so waren,
wie sie waren.
Also mir ist Erstens aufgefallen, das die Stadt voller
Menschen war ... es war zum Beispiel auf dem Marien-
platz ein regelrechtes Gewusel ... vor lauter Menschen sah
man ja keine Strasse mehr, das ist zumindest für Radfahrer
bedenklich.
Dann ... ein Grossteil der Menschen hatte eine Sonnen-
brille auf, ich führte das erstmal auf die Sonne zurück, aber
als die weg war, trugen die Menschen immer noch Sonnen-
brillen und als es regnerisch wurde ... auch.
Ich fragte mich warum das so ist und habe mal recherchiert.

Was sind Bayern?
So genau weiss man das leider bis heute nicht.
Dr. Herwig Wolfram, Professor für mittelalterliche Ge-
schichte an der Universität Wien, beschreibt die Bajuwaren
sehr treffend als „ 'Findelkinder' der Völkerwanderung".
Gut ... da kam ich nicht weiter, also habe ich die Vergang-
enheit ruhen lassen, denn wer weiss ... was da noch so
alles raus gekommen wäre.
Also habe ich mich nur mit der Zeit von Franz Josef dem
Allmächtigen und von Edmundo dem Stoiberer beschäftigt.
Diese Beiden prägten das Land bis in den heutigen Tag,
wobei Edmundo mit seiner Stoiberisierung des Landes sehr
weit fortgeschritten ist.

Geblödeltes

2006

Komm ich mal auf die Sonnenbrillen zurück.
Ich muss mich ausdrücklich für meine beschämenden
Gedankengänge entschuldigen ... die ich dann so beim
Anblick der Münchner Damen und Herren mit Sonnenbrille
hatte. Ich habe denen einfach profane Geltungssucht an-
gedacht ... mitnichten ... die sind durch die Stoiberisierung
einfach nur gesundheitsbewusst, die schützen ihre Augen
vor dem UV - Licht und das ist doch eine lobenswerte
Sache ... Oder?
Ausserdem werden durch diesen grossen Bedarf an
Sonnenbrillen und somit auch der Träger und der Träger-
innen ... Arbeitsplätze geschaffen.
Erstens natürlich in der Produktion von Sonnenbrillen ...
aber auch im Dienstleistungsbereich ... da gibt es die
Brillenputzer ... die Brillenträger ... die Brilleianten ...
und so weiter.
Dies zeigt eindeutig den Vorteil der Stoiberisierung.
Durch diesen Augenschutz, haben sich natürlich auch
andere Rituale gebildet, die sehr stark von den mir be-
kannten abweichen.
Nehmen wir das Flirten ... hier bei uns gilt das ja mit
Sonnenbrille als „faux pas" und man hat keine Chance bei
dem zu Beflirtenden oder der zu Beflirtenden.
In München habe ich die Variante mit Sonnenbrille ge-
sehen und es war sehr interessant ... ich habe nur die Be-
geisterungsrufe nicht so verstanden, die die miteinander
Flirtenden so von sich gaben ... da waren Worte wie ...
so verzückt hat die Dame gerufen ... druck de ... und der
Mann antwortetet sehr weich ... Schnadern ... aber fragt
mich nicht, was das für ein Dialog war ... ich habe nur ge-
sehen, wie die beiden ihre Sonnenbrillen vor die Augen
schoben und gesundheitsbewusst ihrer Wege gingen ...
also nehme ich an, das war so eine Art Austausch von
Telefonnummern.

Geblödeltes

2006

Das zweite, was mir aufgefallen war, sind diese Unmengen von Freilichtkinos, in jeder Strasse gibt es die und eigentlich dachte ich immer, das Deutschland eine Dienstleistungswüste ist, hier in München mitnichten.

Also gegen Verzehr von irgendwelchen Flüssigkeiten, oder von sonstigen Gerichten, konnte man in jedes Freiluftkino ohne Eintritt Platz nehmen ... auch stand da kein Kassenhäuschen um die Kinobesucher abzukassieren ... nein ... es war frei, auch freie Sitzwahl ... natürlich war der erste Rang, ganz vorne am Stärksten frequentiert und man bekam dort nur mit Beziehungen Platz.

Was ich auch gut fand, so Erdnüsse oder Chips wurden nicht gereicht, also konnte man sich voll auf das Geschehen vorne konzentrieren.

Interessant waren dann auch die Kommentare zum Film ...
Haste die gesehen? ... die hatte ja einen A... oder ...
Das ist aber nicht von Armani ... oder ... oder.

Was natürlich schwierig bei diesen Kinos ist ... sich zu unterhalten ... denn, wenn man sich nach Rechts oder Links unterhalten wollte, konnte man das Geschehen nur durch eine Winkelstellung der Augen nach vorne verfolgen ... was eigentlich entgegen der gesunden Einstellung ist ... siehe Schielen und solche Dinge.

Nach hinten ging schon gar nicht, wegen Nackenstarre.
Also blieb nur das nach Vorne unterhalten.

Gut ... dadurch hat sich in München eine interessante Form der Unterhaltung herausgebildet ... die Selbstgespräche ... und man geht noch weiter ... zur Selbstinszenierung ... jetzt verstehe ich auch, warum man als Auswärtiger so schwer an den Münchner rankommt ... die sind einfach immer mit sich Selbst beschäftigt ... daher wohl auch die niedrige Arbeitslosenrate.

Naja ... könnte da mit Sicherheit noch eine Menge zu aufschreiben, aber es soll mal genügen.

Geblödeltes

2006

Der Mann, ein unverstandenes Wesen?

Teil II

Wir hatten verfolgt, wie die Wissenschaft, die synchrone Wachstumspotenz des Mannes erklärt und haben uns dann tiefer mit der systematischen Identifikationstendenz beschäftigt.
Es ist eingegangen worden, auf die Verhaltensmuster und auf die Wirkung im gesellschaftlichen Kontext.
Heute wollen wir uns mal etwas tiefer mit der funktionellen Organisationsphase des Mannes beschäftigen.
Wie sind die Verhaltensmuster in dieser Phase?
Als erstes müssen wir die vorpubertäre Übergangskrise analysieren. Es stellen sich folgende Fragen.

1. Was führt zu dieser Krise
2. Was hat das für Auswirkungen auf den Mann selber.
3. Wie erlebt die Umgebung, sprich Gesellschaft, diese Krise.
4. Welche Möglichkeiten der Heilung gibt es.

Geblödeltes

2006

1. Was führt zur vorpubertären Übergangskrise?

Als wissenschaftlich gesichert gilt, das in der pränatalen
Phase, das heisst, in der 9-monatigen evolutionären
Aquathermozeit, innerhalb der gewölbten Dunkelheit,
umgeben von blubbernden Gewässern, eine tiefgreifende
permanente Frustrationsebene entsteht, die zu einer
reflexartigen progressiven Aktionstendenz führt.
Das heisst, es entsteht eine qualifizierte
Abneigungshypothenuse zur Dunkelheit.
Desweiteren ist zu beobachten, das diese
Abneigungshypothenuse auch zu reflexionsartigen
Mikropotenzen, wie die tendenzielle Korrelatsmetapher
führen. Diese äussern sich ganz eindringlich zum Beispiel
im Daumenlutschersyndrom oder der sogenannten
Antistrampelstrategie.
All dies führt letztendlich in eine neuroendrokrine
Sozialisationseuphorie, die dann in die vorpubertäre
Übergangskrise mündet.

Geblödeltes

2006

2. Welche Auswirkung hat das jetzt alles auf den Mann?

Es ist zu beobachten, das Männer, die an der vorpubertären Übergangskrise leiden, auf ihren Weg durch das Leben, bestimmte expressive Identifikationsmuster entwickeln.
Hier seien benannt, die hormonellen Motivationsreflexionen, die zu einem, im schlimmsten Fall, pathologischen Imponieroxymoron führen.
Diese Auswirkungen sind gravierend für den Mann, denn er fühlt sich dadurch in einer finalen Sozialisationsselektion.
Sein Bedarf an Bestätigung wächst und lässt ihn nicht mehr los. Er ordnet sich dem förmlich unter.
In der Kindheit glaubt dieser Mann, er wäre eine geborene Führungsperson und je älter dieser Mann wird, umso mehr entsteht eine Egoreflexion.
Durch seine falsche biochemische Prozessstruktur wird dieser Mann exessiv blind für die Realität.
Diese Realität ist wie eine Matrix zu sehen, in der sich dieser Mann bewegt, dadurch entwickelt er einen permanenten Motivationsnarzissmus, der ihn unfähig für Beziehungen macht.
Die weitere Tendenz, die bei diesen Männern zu beobachten ist, ist ihr Drang nach Recht und Gehorsam, sie sind in einer komplexen Imponierprogrammierung gefangen und versuchen die steinzeitlich geprägten Aktionskonzeptionen ihres Lebens in Realmetaphern umzusetzen, die zwangsläufig zu einer Hamsterradsituation führen.

Geblödeltes

2006

3. Wie erlebt die Umwelt diese Krise des Mannes?

Es ist für die Umgebung sehr schwierig festzustellen, das dieser Mann ein Problem hat. Man muss dazu wissen, das die vorpubertäre Übergangskrise, dazu führt, das der Mann eine strukturelle Vergangenheitsarbeit macht und in münchhausener Weise, sich so darstellt, das niemand sofort die vorpubertäre Übergangskrise wahrnehmen kann. Der Mann baut eine permanente Führungskonzeption auf, die ihn dazu bringt in einer multiplen Gestaltungsfunktion zu verfallen. Er hat verschiedene Gesichter und zeigt immer nur das, welches er braucht um etwas zu erreichen. Diese Männer haben absolute Gefühlskonflikte, die aus Mangel an Selbstbewusstsein unterdrückt werden und somit zu einer Erkaltung des Inneren führen.
Was nimmt nun die Umgebung wahr?
Zuerst einmal muss die Umgebung hinter die kompetente Krisenkonzeption des Mannes kommen, was eigentlich unmöglich ist, die Umgebung wird eigentlich nie die Wahrheit sehen, hören oder erfahren. Durch die strukturelle Vergangenheitsarbeit, lebt der Mann in seiner eigenen Welt, man bezeichnet das als systematisierte Gestaltungsprogrammierung. Dieser Mann wird zum Beispiel bei etwas erwischt, was die Umgebung ablehnt, er wird leugnen etwas getan zu haben, weil er in seiner Welt so etwas nicht tut, er geht sogar soweit, alles zu leugnen und zu behaupten, das alles falsch verstanden wird und niemand auf ihn eingeht. Er kehrt das sogenannte subjektive Oppositionssyndrom raus und blockt damit alles ab, was ihn zur Wahrheit bringen würde. Für diesen Mann ist Lügen ein Gestaltungselement, das man für seine Zwecke nutzen kann und auch tut. Die Umgebung braucht oft mehrere Jahre um hinter diese Krankheit zu kommen und es ist fast unmöglich, von aussen etwas für diese Männer zu tun.

Geblödeltes

2006

4. Welche Möglichkeiten der Heilung gibt es?

Ist die vorpubertäre Übergangskrise erst einmal erkannt und hat man über die verschiedenen Möglichkeiten der Krankheitsverläufe ersehen können, das es eine Problematik gibt, bleibt eigentlich nur das qualifizierte Aktionsmanagement.
Dieses beinhaltet verschiedene Varianten des Handelns.
Leben diese Männer alleine, also als Singles, bietet sich die Psychotherapie förmlich an, aber man muss den Mann von der Notwendigkeit überzeugen. Geht das nicht, gibt es nur die sogenannte Entfremdungstherapie, das heisst man wendet sich von ihm ab, lässt ihn allein in seiner Welt, bis diese automatisch über ihn zusammenbricht. Ab diesen Punkt ist er wieder zugänglich für Heilungsmöglichkeiten.
Ähnlich wird bei Männern in Beziehungen gehandelt, liegt keine Freiwilligkeit für eine Therapie vor, so wird auch hier die Entfremdungstherapie angewendet, bis es dazu führt, das der Mann in seiner eigenen Welt keinen Halt mehr findet.
Man entzieht diesen Männern den Boden für die vorpubertäre Übergangskrise, wenn nicht sie gestalten, sondern wenn die Umgebung das Leben gestaltet.
Aber man muss dabei eine konsequente Linie fahren, jegliche Zuwendung zu diesem Mann führt zu Rück-schlägen und verlängert entsprechend die Krankheit.
Wissenschaftlich ist nicht feststellbar, in welchen Zeit-räumen Heilungen erfolgreich möglich sind, das hängt von der Schwere der vorpubertären Übergangskrise ab, ist also immer individuell zu sehen und zu behandeln.

Geblödeltes

02. April 2006

Wieder so ein Tag, an dem man eine Menge tut, aber nicht wirklich weiss, was man getan hat.
Ich denke viel nach und mir fallen immer mehr Dinge auf, die ich geändert haben möchte.
Das Seltsame in der Politik ist, das die Politiker irgendwie immer Dinge durchsetzen wollen, die den Bürger beschneiden, aber kommt der Gegenwind, dann knicken die gleichen Politiker ein. Ich weiss nicht was das soll.
Wenn ich ein Gesetz durchbringen will, oder es als nötig erachte, oder es notwendig ist, warum wird denn der Bürger nicht gefragt?
Warum werden diese Dinge am Bürger vorbei geplant und wenn sie sich nicht durchsetzen lassen, fallengelassen, um dann bei nächster Gelegenheit, es doch am Bürger vorbei reinzubringen.
Ich bekomme immer mehr Zweifel, ob das alles noch mit unserer Verfassung übereinstimmt.
Vielleicht sollte man mal prüfen, ob es nicht möglich ist, eine grosse Anzahl von Menschen, Gruppierungen und Organisationen zu einer Verfassungsklage zu bringen, die die Frage der Parteien in diesem Staat mal überprüft, ob das alles noch verfassungsgemäss ist.

Gemischtes

02. April 2006

Ausbildungspakt hat sein Ziel verfehlt.

Hmmm ... wer hat den tatsächlich geglaubt, das die
Unternehmer ihr Versprechen halten?
Ich auf jeden Fall nicht, dazu gehört nämlich nicht nur Mut,
sondern auch der Wille gegen einen Strom zu schwimmen
und den haben leider ein Grossteil der Unternehmer hier
nicht.
Ich kann mich noch gut an eine Veranstaltung erinnern,
wo ich mit einem mittelständischen Unternehmer im Ge-
spräch war und dieser sich beklagte, das er von Jugend-
lichen nicht verstanden wird. Als ich ihn daraufhin fragte, in
welchen Kreisen er sich denn hauptsächlich bewege, da
schaute er mich an ... und sagte nichts mehr.

Säure Opfer Bangladesh

In den letzten 6 Jahren wurden 2.000 Menschen in
Bangladesh mit Säure angegriffen, die meisten davon
Mädchen oder Frauen, aus verschmähten Heiratsanträgen,
zuwenig Mitgift, sexuellen Vorstössen.
Was tun wir im Westen? Wir Demokraten? Wir Christen?
Ich denke nur an den Aufschrei des zum Christentum über-
getretenen Moslem in Afghanistan, als dieser vor Gericht
stand.
Wie krank müssen wir eigentlich noch werden, wenn ich da
lese, das in New York die Menschen Teleskope und
sonstiges kaufen um den Nachbarn zu bespitzeln.
Ich glaube das es an der Zeit ist, das die Menschheit als
Randnotiz der Evolution verschwindet.
Mich ekelt das an ...

Gemischtes

03. April 2006

Hmmm ... ich überlege gerade was das denn so war, was der Flavio Briatore da gemacht hat.
So so ... der Flavio ist also ein Spassvogel und hätte auch jeden anderen Gruss machen können ... ich frage mich welchen Gruss?
Das sind also unsere Vorbilder, die jeden Tag in den Medien präsent sind, die Macht haben, die Geld haben und die eigentlich auch Verstand haben.
Es liest sich schal, wenn man das Rumgeeier von der Sprecherin hört ... er ist eben ein Clown, macht kopflos Spässe ... kopflos? ...
Was ist, wenn beim nächsten kopflosen Spass ein Mensch zu Schaden kommt? ... Ein Clown?
Es ist schon phänomenal, wie scheinheilig doch auch die Medien sind, wäre das von einem bekannten Deutschen gemacht worden, er wäre zerfetzt worden.
Und man darf eigentlich erwarten, das gerade Prominente über Geschichte etwas wissen und ein Interesse haben, das diese Zeit nie wieder eine Macht gewinnt.
Gerade weil der Wahn der Nationalsozialisten vor nichts Halt gemacht hat.
Kopfschüttelt ... ein Clown.

Zitiert aus dem Remscheider General Anzeiger
vom 31. März 2006
Sport Seite 10

Gemischtes

03. April 2006

Harte Strafen für Rassisten
Hamburg (sid)

Der Fussball-Weltverband FIFA verschärft den Kampf
gegen Rassismus.
Ab dem 1. April wird der abgeänderte Artikel 55 des
FIFA-Disziplinarregelments gültig, der härtere Strafen bei
rassistischen und diskriminierenden Vorfällen ermöglicht.
Als Strafe sind dann auch Punktabzüge bis hin zum
Zwangsabstieg möglich.
„Nur so können wir dem Rassismus Herr werden", erklärte
FIFA-Präsident Joseph Blatter in Hamburg,
„mit Geldstrafen allein geht das nicht. Geld gibt es immer."
Die Strafen reichen von Spielsperren über Punkteabzug
bis hin zum Wettbewerbsausschluss eines Teams.
Die Konföderationen und Mitgliedsverbände sind dazu
verpflichtet, Bestimmungen in ihre Regeln aufzunehmen.

Dies setze man in Zusammenhang mit Flavio Briatore.

Gemischtes

03. April 2006

Der Arbeitsmarkt wird auch immer bescheuerter, jetzt sind in der IT-Branche schon die 40 jährigen zu alt, wohin soll das führen?
Ich weiss ...

Nach der Geburt kommen die Babys in die konzern-eigenen Brutkästen, wo dann Krankenschwestern aus wissenschaftlichen Fachbüchern den Babys Vorlesungen halten.

Ab 2 Jahren Überführung in die konzerneigenen Kinder-arbeitsgärten, dort stehen geschulte Meister ihres Faches bereit, den Kindern die Feinheiten des Berufslebens bei-zubringen.

Mit 5 Jahren kommt man in die konzerneigenen Internate mit angeschlossenen Berufsfachschulen, hier wird das duale Lernen praktiziert. Morgens Schule und Nachmittags Berufsschule mit Praktikum.

Mit 10 Jahren erreichen des Abiturs oder wenn eher praktisch veranlagt, der Meisterprüfung.
Überführung in die Konzerne an einen Arbeitsplatz.

20 Jahre Intensivarbeit im Konzern.

Danach Ausmusterung in die staatlichen Versorgungs-einrichtungen, wie Agentur für Arbeit, Rentenversicherung und Sonstige.

Schöne neue Arbeitswelt ...

Gemischtes

03. April 2006

Zum Demokratieverständnis ...
da will Israel ohne weitere Verhandlungen und nach
eigenem Ermessen seine Grenze ziehen.
Was kommt von der Mutter der Demokratie?
Frau Condoleezza Rice?
Nein ... kein empörter Aufschrei ...
nein ... keine Infragestellung der Rechtmässigkeit nach
internationalem Recht.
Nein ... man glaubt es nicht …
Die US Regierung schliesse eine Unterstützung der
Pläne Israels nicht aus.
Bin am überlegen ...
was ist Demokratie?

Gemischtes

16. April 2006

Dieses Wochenende war geprägt von einer Sache, die mir einerseits viel Schmerz verursacht hat, aber andererseits auch etwas gestärkt hat.
Es ist so, das Gefühle nicht gleichförmig sind, sie leben, sie wachsen, sie verändern. Ich finde das ist ein Zeichen dafür, das man lebt, nicht untergeht in der Gleichförmigkeit dieser Zeit.
Ich stelle immer mehr fest, das die Menschen eigentlich garnicht mehr wissen, was Gefühle wirklich sind.
Was ist eigentlich Liebe? ...
Ist es Liebe ... nur weil ich sage ... ich liebe dich ...
mich zurücklehne und den Dingen ihren Lauf lasse? ...
Oder ist es die rosarote Brille ... die alles verkleistert ...
mir die Sicht nimmt, bis ich plötzlich auf dem Boden der Tatsachen lande.
Oder ist Liebe nur ein Märchen? ...
wie bei demjenigen, der sagt ich liebe dich ...
und in ein fremdes Bett steigt, weil er garnicht lieben kann, weil er Liebe als Besitz definiert.
Es gibt viele Varianten und mich macht es irgendwie stutzig, warum eigentlich niemand die Liebe auf den Prüfstand stellt und hinterfragt ...
es gibt nichts in dieser Welt der Gefühle, das dogmatisch ist und eine statische Wirkung hat.
Alles was Gefühl ist, lebt durch uns selber ...
wir prägen es ... die Richtung ... die Aussage.
Und wenn ich mich so umschaue ...
dann wird mir eigentlich Angst und Bange ...
was Menschen aus ihren Gefühlen machen.

Gemischtes

17. April 2006

Ich möchte noch mal zu dem, was ich gestern geschrieben
habe zurückkommen ... die Liebe.
Es gibt in der griechischen Philosophie einen Ansatz, der
besagt, das es für jeden Menschen ein passendes Gegen-
stück gibt ... wenn man davon ausgeht ... besagt die wirk-
liche Liebe nichts anderes, als das es jemanden gibt, der
nahtlos zu einem passt und sich dadurch eine Einheit bildet.
Es klingt unwahrscheinlich, das es so was gibt ... aber ich
denke das es die wahre Form der Liebe ist, egal, was wir
versuchen daraus zu machen ... oder neu zu definieren.
Jede Sache hat ihre Grundlage ... und die ist unveränder-
bar in ihrer Substanz. Wir mögen zwar zeitgeistmässig
daraus andere Schlüsse ziehen, nur ... wir erreichen nicht
das Ergebnis.
Also wenn ich von der Grundlage ausgehe.
Welche hat die Liebe? ...
Vertrauen ... ein tiefes unerschütterliches Vertrauen in den
Partner ... und das macht auch Sinn.
Liebe lebt nicht vom Sonnenschein ... nein ... sie lebt durch
das Achten auf den Anderen, durch das Reden, durch das
Ernst nehmen, durch den Respekt vor dem Anderen ...
und Liebe lebt durch das Handeln ... durch das Hinter-
fragen ... von sich selbst und auch von dem Partner.
Es ist eine ständige Kommunikation ...
Liebe kann nie statisch sein.

Gemischtes

17. April 2006

Nur ... wie sieht das denn heute aus? ...
Wir opfern immer mehr Werte auf dem Altar des Konsums,
dem Altar des Individualismus und auf dem Altar des
Zeitgeistes ... des Lifestyles ...
Wie arm muss ich im Kopf sein ... wenn ich Liebe so
verbiege, das sie in mein Leben passt ... damit amputiere
ich mich selber.
Man muss sich nur umschauen ... da geht man her, in eine
Partnerschaft und sagt sich ... irgendwie ist da kein Feuer
mehr ... es fehlt der Kick.
Also sagt man sich ... komm wir sind ja tolerant ...
wir lieben uns ja ... also können wir doch hergehen und
uns vergnügen ... zum Beispiel im sexuellen Bereich ...
Partnertausch.
Man muss sich das mal gedanklich wirklich vorstellen ...
ich liebe jemanden, tief und fest ... und schicke ihn dann in
die Arme eines Anderen ... und nicht nur das ... ich lasse
das Intimste einer Partnerschaft mit einem Anderen zu ...
das ist Liebe.
Nein ... das ist Selbstbetrug ... das ist Trieb ... diese
Menschen kennen den Kern der Liebe gar nicht ... sie
laufen ihm nur hinterher und versuchen mit allen Mitteln
den Anderen mitzuziehen.
Du kannst mir zeigen wie sehr du mich liebst ... indem du
mit einem Anderen schläfst ... wie krank muss ich da sein
und was mache ich da aus Liebe?
Es ist für mich Erpressung und Trieberfüllung ... mehr nicht.
Das sind armselige Versuche mit dem Wort Liebe seine
profanen Bedürfnisse zu erfüllen.

Gemischtes

17. April 2006

Ich glaube ...
wir stellen immer mehr fest, das die Zeit immer schneller
wird und wir uns immer mehr in einem Hamsterrad
bewegen, wir denken weniger und verlieren mehr ...
vor allem verlieren wir Werte ...
innerliche und äusserliche ...
und wenn es dann so ist, nehmen wir es als Lifestyle hin
und laufen wie die Lemminge hinterher.
Naja ...
hoch lebe die Dekadenz ...
der Anfang vom Untergang grosser Reiche ...

Gemischtes

21. April 2006

Der einspurige Egomane ...

Seine Gehirnflexibilität ist ausgerichtet auf eine nach
aussen wirkende Oberfläche.
Sein Gefühlsspektrum erschöpft sich in der vorpubertären
Trotzphase, gepaart mit einer Engstirnigkeit, eines Lebens,
das nur auf Selbstbefriedigung ausgerichtet ist.
Dieser Mensch ist weder beziehungsfähig, noch hat er
eine grosse Gefühlswelt.
Er ist gefangen in seiner Denkstruktur.
Das führt dazu, das er Menschen grundsätzlich nach
ihrem Wert für sich beurteilt,
er kann nicht zulassen, das irgendetwas an seinem
Ego kratzt.
Die Gefühlskälte führt natürlich dazu, das er im zwischen-
menschlichen Bereich, nicht in der Lage ist, ehrliche und
wahre Empfindungen zu haben, somit greift er auf vorge-
fertigte Muster zurück, die er sich angelernt hat, die er
auch an Menschen geprüft hat, um zumindest den Schein
von Gefühlen zu vermitteln. Diese wirken nach Aussen
erstmal authentisch.
Wenn dieser Mensch etwas will, dann reflektiert er alle
Eigenschaften auf sich, die ihm bekannt sind, für eine
kurze Zeit auf sich und strahlt sie nach Aussen, den
Mitmenschen gegenüber ab, bis er sein Ziel erreicht hat.
Schafft er es nicht, die Person, die er will damit zu über-
zeugen, oder fällt dieser Person auf, das Ungereimtheiten
da sind, da verliert er sofort jegliches Interesse.
Die Gefühlsfassade fällt ab und der wahre Kern kommt
zum Vorschein ... das Ich.

Gemischtes

21. April 2006

Die Frage für mich ist,
was erwartet dieser Mensch vom Leben? …
Willfährigkeit? … Unterwerfung? …
Irgendwie ist mir dieses Denken vollkommen fremd,
weil es so einseitig ist, keine Farben hat, keine Seele.
Eigentlich müsste man mit solchen Menschen Mitleid
haben, wenn da nicht ein gravierender Punkt wäre …
auch diese Menschen haben einen Verstand, den sie ein-
setzen können … und wenn sie das nicht tun …
kann man auch kein Mitleid haben …
sie glauben ja an sich.

Gemischtes

22. April 2006

Jetzt geht in NRW wieder die Diskussion los, ob man
Haschisch freigeben soll oder nicht ...
so sehr ich auch viele Dinge der Grünen als richtig
ansehe, so sehr bin ich aber dagegen, das Haschisch
quasie legalisiert wird.
Ich bin für den umgekehrten Schritt ...
keine Toleranz für Drogen, sondern massive Verfolgung,
so wie es der CDU Politiker Peter Biesenbach fordert ...
nur ... das sollte für jede Droge gelten.
Ich finde es ist heuchlerisch, gegen Haschisch zu
argumentieren, aber Tabak und Alkohol, Tabletten und
alles andere, was mittlerweile Suchtpotential hat aussen
vor zu lassen.
Gerade die sogenannten christlichen Politiker sollten sich
an den zehn Geboten orientieren ...
Du sollst keine anderen Götter haben neben mir ...
dazu zählt für mich auch das Geld.
Und in Richtung Grüne möchte ich nur sagen, das ein
Schmusekurs in Richtung Jugend und Drogen, schon bei
den 60 ern gescheitert ist und wir auf dem Scherben-
haufen dieser Generation sitzen.
Die ganzen Fehlentwicklungen der letzten 20 Jahre ist
massgeblich, auch auf diese ...
ach so tolerante ...
Generation zurückzuführen ...
wobei ich mich teilweise damit einschliesse.

Gemischtes

22. April 2006

Es ist schon erschreckend, wie wir den Jugendlichen
ihre Zukunft nehmen, weil wir ihnen keine Perspektiven
bieten, das dann die Flucht in die Droge folgt,
war absehbar, wie viele Erwachsene flüchten
in den Alkohol ... oder Tabletten?
Soweit ich weiss ist der Konsum von Haschisch in den
letzen Jahren um 30 % gestiegen, während andere harte
Drogen stagnieren, oder nur leichte Anstiege verzeichnen.
Das Schlimme aber an dieser Entwicklung ist, das cirka
90 % der Haschischkonsumenten unter 20 Jahre ist ...
da muss sich eine Gesellschaft schon fragen lassen ...
was läuft hier schief?
Es mag auch stimmen, das Haschisch nicht unbedingt
eine klassische Einstiegsdroge ist, aber es ist eine Droge
mit einer fatalen Wirkung ...
seelische Abhängigkeit.
Diese Jugendlichen klinken sich aus der Welt der
Erwachsenen aus, sie schreien uns eigentlich an ...
was macht ihr mit unserer Zukunft?
Ja ...
was machen wir mit der Zukunft der Kinder
und der Jugendlichen?
Diese Frage gebe ich mal weiter ...
muss nachdenken ...

Gemischtes

23. April 2006

Es ist christlich demokratisch ...
und es ist sozial demokratisch ...
vor allem ist es freiheitlich demokratisch ...
Menschen in die unsoziale Abhängigkeit von Sozial-
systemen zu bringen ...
Das wird noch grün tolerant angestrichen,
damit es multikulturell nach Aussen wirkt.
Das zur Meldung,
das man das Arbeitslosengeld II kürzen will ...
Eine Meldung zur Entwicklung des Menschen ...
der Krone der Schöpfung ...

Rheinische Post am Freitag den 21. April 2006
auf Seite A 6 Politik

Insel Streit zwischen Japan und Südkorea eskaliert ...

Seoul (ap) Ein seit Jahrzehnten andauernder Streit um
eine unbewohnte Inselgruppe hat die Spannungen
zwischen Südkorea und Japan weiter verschärft.
Die Regierung in Seoul warf Tokio gestern Neokolonialis-
mus vor und warnte vor dem Einsatz von Gewalt.
Sie entsandte rund 20 Kanonenboote zu den Inseln, nach-
dem Japan dort Forschungsarbeiten angekündigt hat.
Die Inseln, die in Südkorea als Dokdo und in Japan als
Taeshima bezeichnet werden, werden von beiden Staaten
beansprucht.
Fass ich mich nun an den Kopf ...
tippe ich mir an die Stirn ...
oder verzweifle ich einfach nur ...

Gemischtes

23. April 2006

Zur Zivilcourage in Deutschland ...
damit darf man stolz sein?

Remscheider General Anzeiger
am Samstag 22. April 2006 auf Seite 3 Hier und Heute

Rollstuhlfahrerin misshandelt keiner hilft

Aachen (lnw). Eine schwerbehinderte Rollstuhlfahrerin ist
in Aachen auf einer belebten Strasse geschlagen und be-
leidigt worden, ohne das ihr jemand half. Zwei etwa
25 Jahre alte, unbekannte Männer stellten sich der jungen
Frau in den Weg, beleidigten sie, schlugen ihr mehrfach
ins Gesicht und mit der Faust in den Nacken.
Die 21 Jährige habe sich nicht wehren können, teilte die
Polizei mit. Auch als die Männer von ihr abliessen,
kümmerte sich niemand um das Opfer.
Die Frau erlitt Verletzungen und einen Schock.
Wohlan ... Krone der Schöpfung ...
starke Männer dieser Welt ... das ist doch Evolution,
das ist doch Kraft und Stärke ...
wenn es nicht so traurig wäre.

Gemischtes

23. April 2006

Und etwas Positives ...

Remscheider General Anzeiger
am Samstag 22. April 2006 auf Seite 12
Aus aller Welt Kurz berichtet

Fernsehkoch Mälzer will Stiftung gründen
Fernsehkoch Tim Mälzer will eine Stiftung für benachteiligte
Jugendliche gründen und so ein Zeichen gegen Gewalt
setzen, sagte er der „Neuen Osnabrücker Zeitung".
„Wenn jemandem die Sonne derartig aus dem Hintern
scheint wie mir, hat er die soziale Pflicht, mehr zu tun als
sich auf einem Gala Teppich fotografieren zu lassen."
Dies lass ich mal so stehen ...
Tja ... was sage ich dazu, ich weiss es nicht ...
ich denke dadurch, das wir einen Verstand haben und eine
lange tausendjährige Vergangenheit, sollte es uns doch als
Menschheit möglich sein uns weiter zu entwickeln ...
gut ... es mag sein, das wir uns auch zu Monstern weiter-
entwickeln ...
das muss man dann wohl so hinnehmen ... oder?

Gemischtes

29. April 2006

Bundesagentur für Arbeit ...

Ich frage mich, warum muss diese Bundesagentur für
Millionen Werbung für sich selber machen?
Muss da wieder ein Parteimann mit Werbeagentur bedacht
werden? Oder meint man, das Geldverschwendung zum
guten Ton gehört?
Eigentlich müsste diese Agentur für Arbeit, geräuschlos
und effizient arbeiten, damit etwas auf dem Arbeitsmarkt
passiert und es wirklich zu Veränderungen kommt.
Warum darf der Staat eigentlich keine Geschäfte machen?
Ich würde die Bundesagentur umwandeln in eine
Personalagentur, die Menschen die arbeitslos sind unter
Vertrag nehmen und ihnen somit das Gefühl geben, ge-
braucht zu werden.
Das Schlimme an dieser ganzen Geschichte ist doch, das
man irgendeiner Wirtschaftsideologie ausgeliefert ist, die
man mit Sicherheit in Frage stellen kann. Es gibt nicht die
reine Lehre.
Also ich interpretiere den Kapitalismus in seiner Grund-
struktur positiv, freier Warenverkehr, jeder darf auf den
Markt ... aber ich interpretiere ihn nicht so ...
jeder hat für sich selbst zu sorgen ... wäre Chaos ...
und jeder darf tun und lassen was er will ... auch Chaos.
Und ich denke nicht ... das Kapitalismus heisst ...
Unterordnung ... oder das Kapital hat die Macht.
Da gibt es eine Menge zu bedenken ...

Gemischtes

03. Mai 2006

Der Verrat der 68er !

Man ... was fand ich das damals toll ... die Musik ...
die Ideen ... das Gefühl von Aufbruch …
und was ist geblieben?

Sicher haben die 68er etwas aufgebrochen und etwas in
Gang gesetzt, das sich bis heute durch die Gesellschaft
zieht. Aber ich nehme das Resümee vorneweg …
die 68er sind bei den Konservativen angekommen.
Aus meiner Sicht, kann ich eigentlich nur feststellen, das
die Ideale der 68er gescheitert sind und den Weg geöffnet
haben zum Raubtierkapitalismus, zum Verfall von Werten
und Moralvorstellungen, sie haben den Weg geöffnet zu-
sammen mit den Konservativen zur falschen Integrations-
politik, zur falschen Drogenpolitik und zur falschen Schul-
politik.
Es ist eigentlich eine fatale Mischung da entstanden, da
wo die Wirtschaft und somit die Konservativen mitzogen,
da waren auch die 68er stark, aber dort wo sie starke
Widerstände hatten, da haben sie ihre Ziele aufgeweicht,
deformiert, bis nichts mehr übrig war.
Dies wird besonders deutlich, das in Deutschland kein
Aufschrei durch die politische Landschaft geht, wenn man
den Umgang mit den Arbeitslosen sieht, obwohl jeder
weiss ... es wird nie wieder eine Vollbeschäftigung geben.
Der Dienstleistungssektor ... wird nicht zur Jobmaschine ...
sondern zum Jobkiller für Vollzeitstellen ... dies alles wird
die Sozialsysteme immer mehr belasten und schliesslich
zum Kollaps führen.
Jetzt da die 68er im Establishment sind, könnten sie doch
eigentlich ihre Ideen umsetzen ... oder?

Gemischtes

04. Mai 2006

Hmmm ... man streitet ... um Richtige? ...
Richtige? ... Einbürgerung ... grübel ...

Wenn ich mir überlege, mit welchem Schwachsinn die
Politik auf elementare Probleme dieser Gesellschaft
reagiert, dann frage ich mich wirklich ...
ob es nicht besser wäre einen ...
Politikführerschein zu machen,
den jeder der in die Politik will ... machen muss.
Ich denke da so an einen theoretischen Teil ...
wie deutsche Rechtschreibung ...
Dann einen rethorischen Teil ...
20 Minuten freie Rede in Gelsenkirchen auf Schalke ...
vor dem Spiel
Dann den moralischen Teil ...
30 Jahre morgens, mittags,
abends in die Kirche gehen ...

Gemischtes

05. Mai 2006

Bessere Welt? ...

Ich überlege gerade, wie wir dazu kommen, einerseits
alles was uns an Ressourcen zur Verfügung steht auszu-
beuten, aber andererseits zu sagen, wir haben eine Ver-
pflichtung der nächsten Generation gegenüber ...
Irgendwie passt das nicht zusammen ...
Wenn wir es ernst meinen, das auch unsere Kinder und
Kindeskinder, etwas von dieser Erde haben, dann denke
ich, müssen wir mal anfangen etwas zu verändern.
Hmmm ...
wie sieht das eigentlich mit dem Land aus?
Wer hat Anspruch darauf? Wem gehört es?
Ich bin der Meinung, das jeder Staat sein Land in die Hand
des Staatsvolkes legt ... und es nur in eine Art Erbpacht
vermietet.
Die Konsequenz daraus wäre ... würde zum Beispiel ein
Unternehmen Land mieten, müsste in den Pachtverträgen
stehen, das das Land in seinem Ursprungszustand wieder
an die Gemeinschaft zurückgegeben werden muss.
Das heisst, wird dieses Land verseucht, haftet das Unter-
nehmen mit all seinem Vermögen, auch dem Privatver-
mögen des Unternehmers und seine Familie.
Warum wäre es so verwerflich, das ein Unternehmer
Hartz IV beantragen muss?
Ich sehe keinen Sinn darin, das Unternehmen
Geschäfte machen, Unternehmer sich einen gewissen
Status erarbeiten und wenn sie dann Mist bauen, nicht
dafür gerade stehen sollten.

Gemischtes

05. Mai 2006

Hier bei uns war es zum Beispiel so,
ein Galvanikunternehmen hat den Boden verseucht, der
Unternehmer hat nur mit der GmbH Einlage gehaftet und
der Steuerzahler, sprich die Stadt musste die Sanierung
des Geländes zahlen.
Irgendwas läuft doch da schief.
Man kann sich dann natürlich auf den Standpunkt der
Gesetzgebung zurückziehen, das ist aber eine Sache die
irgendwie ins Leere läuft.
Demokratie lebt vom Wandel und wer sollte den Wandel
herbeiführen?
Die die sich im System breit gemacht haben und gut
davon profitieren?
Oder das Staatsvolk?
Veränderungen finden leider nicht statt durch nachdenken,
diskutieren und dann ausführen, sondern durch Macht.
Das Volk hat Macht, wenn sie es dann nutzen würde.
Nunja ... ich weiss schon ... Sozialismus, Kommunismus ...
wenn ich das schon höre ... diese Gesellschaftsideologien
sind nie verwirklicht worden, das was wir so gemeinhin
darunter sehen, waren nichts anderes als Diktaturen.
Aber es lässt sich so schön alles damit abschmettern ...
der Sozialismus hat ja nicht funktioniert, siehe Ostblock ...
jede Diskussion erledigt ... toll.

Gemischtes

07. Mai 2006

Nunja ...
die Liebe, ein immer wieder interessantes Gebiet.
Was verbinden wir eigentlich damit? ...
Flugzeuge im Bauch ...
Schmetterlinge im Bauch ...
rosarote Wolke ...
Hochzeit in Weiss ...
Glücklich sein ...
irgendwie ist das alles Disneylike ...
Wo ist da der Alltag ...
sollte der Alltag nicht die Grundlage sein? ...
Warum wird der verdrängt?
Ich stelle für mich eigentlich immer mehr fest, das man
den Begriff Liebe überhaupt nicht hinterfragt, sondern ihn
in den schönsten Farben verklärt. Wozu führt das? ...
Ich schaue mich um und sehe viele Menschen, Paare,
Partnerschaften, Beziehungen ... die garnicht wissen,
was Liebe ist ... aber sagen ... sie lieben.
Scheidungsrate minus Wissen, was Liebe ist ...
ergäbe doch ein weniger an Scheidungen ... oder?
Irgendwie scheint mir das alles verwoben zu sein mit den
Oberflächlichkeiten dieses globalen Gesellschaftssystems.
Die Jagd nach Geld ... nach Anerkennung ... nach Erfolg.
Lässt die eigentlich noch Raum, über uns selber
nachzudenken? ... und noch wichtiger ...
über unsere Gefühle?
Ich weiss es nicht ... habe nur das Gefühl, wenn ich über
den Begriff Liebe mit anderen spreche, das ich immer
wieder eine neue Variante zu hören bekomme.
Naja ... werde wohl noch viel darüber nachdenken ...

Gemischtes

09. Mai 2006

Fortschritt …
Was sehen wir eigentlich als Fortschritt an?
Was bringt uns Menschen weiter?
Arbeit …
Wenn ich wieder lese, wie die Bundesregierung sich in
einer fast manischen Art und Weise auf die Hartz IV Em-
pfänger stürzt, um dort einen Missbrauch einzudämmen,
der doch eigentlich locker aufgefangen würde, wenn in den
Amtsstuben der Missbrauch verschwände.
Aber ich will hier nicht aufrechnen, oder polemisieren …
Viel interessanter ist darüber nachzudenken, was Arbeit
heute bedeutet.
Wenn man den neuesten Statistiken Glauben schenken
darf, verdienen immer weniger Menschen Geld mit Arbeit,
andererseits sind aber immer mehr Menschen auf Geld
aus Arbeit angewiesen.
Irgendwie beisst sich die Katze hier in das verlängerte
Ding am Ende ihres Körpers …
Ich denke es muss darüber nachgedacht werden, wie die
Industrienationen Fortschritt sehen, ob sie einen Weg
gehen wollen, der sich dem Kapital unterordnet, oder ob
es ein Weg sein soll, der dem Menschen in seiner Lebens-
qualität hilft.
Wir preisen immer wieder den Fortschritt der heutigen Zeit,
aber ist es für den Menschen ein Fortschritt?
Angst zu haben, krank zu werden …
Angst zu haben, die Arbeit zu verlieren …
Angst zu haben, nicht Anteil an dem gesellschaftlichen
Leben zu haben …
Angst zu haben, sozial abzusteigen …
Angst zu haben, wertlos zu sein …
Und … und … und …

Gemischtes

09. Mai 2006

Ist das Fortschritt?
Wenn eine Gesellschaft im Überfluss lebt, warum kommen
dann die Überschüsse nicht denen zu Gute, die weniger
haben? Wie krank ist eine Gesellschaft, Menschen ver-
hungern zu lassen und gleichzeitig Nahrungsmittelüber-
schüsse zu vernichten.
Wenn man davon ausgeht, das das Angebot die Nachfrage
regelt … dann heisst doch Überschuss nichts anderes, als
am Markt vorbei zu produzieren?
Ist das die freie Marktwirtschaft?
Muss dann die Allgemeinheit dafür bezahlen?
Ich meine nein …
Es gibt in letzter Zeit eine Menge Diskussionen um die
Arbeit und es gibt Denkrichtungen, die aussagen, das wir
in eine Zeit kommen, wo Arbeit nicht mehr den Faktor hat
wie früher. Wir sollten uns davon lösen, das Arbeit im her-
kömmlichen Sinne weiter den Lebensunterhalt der
Menschen finanzieren kann.
Nur als Beispiel … wie hat die Steinzeitgesellschaft ihr Ein-
kommen, sprich Nahrung und alles andere verteilt?
Und wie ist es heute?
Was ist in der Steinzeit passiert, wenn Kinder ihre Eltern
verloren haben? Was ist heute?
Was ist in der Steinzeit passiert, wenn jemand als Ernährer
ausgefallen ist? Was ist heute?
Ich habe so manchmal meine Zweifel, ob das Modell
Gesellschaft, heute ein besseres ist, als das
Gesellschaftsmodell, Steinzeit.
Wer wird jetzt zuerst schreien und mir schreiben … du
denkst ja rückwärts, du verkennst den Fortschritt und was
der uns alles gebracht hat.
Nehmen wir Gesundheit … Fakt ist, die Lebenserwartung
in der Steinzeit lag so ungefähr bei 30 Jahren …
heute bei 70 bis 80 Jahren …

Gemischtes

09. Mai 2006

Aber was machen wir aus dieser Lebensqualität?
Wir berauben unsere Kinder um eine glückliche Kindheit,
indem wir sie in Schulen zwängen, Stress aussetzen und
ihnen Lebensideale predigen, die falsch sind …
Wir berauben unsere Jugendlichen um ihre Jugend, indem
wir sie in Lehrstellen zwingen, ihnen ein Gesellschaftsideal
aufzwingen, um sie dann auf der Strasse
landen zu lassen …
Wir berauben die Frauen um die Früchte ihres Seins, in-
dem wir ihre Arbeit als Mutter, als Arbeitnehmerin und als
soziales Gewissen nicht anerkennen …
Wir berauben die Männer um eine Unzahl an Erfahrungen,
die hilfreich in der Emanzipation wären, indem wir ihnen
den Zwang zur Arbeit aufbürden um als
Ernährer dazustehen …
Wir berauben unsere Eltern um das menschenwürdige
Altern, indem wir glauben, das wir uns nicht mehr um sie
kümmern können …
Irgendwie erzeugt diese Gesellschaft, die glaubt das der
Kapitalismus die einzige Form ist, die dem Menschen dient,
eine Abschiebementalität.
Aber die wird ja auch in den freien Markt integriert …
Kindergärten, Vorschulen, Schulen, Berufsschulen, Lehr-
stellen, Arbeitsplätze, Krankenhäuser, Pflegeheime, Alters-
heime … alles Möglichkeiten um Kapital zu schaffen.
Dabei vergessen wir nur eins …
was wir für ein Kapital in uns Menschen haben …
Was ist ein Lachen wert?
Was ist ein liebes Wort wert?
Was ist Vertrauen wert?
Was ist Liebe wert?
Was ist Ehrlichkeit wert?
Und so weiter …
Ich denke mal über alles nach …

Gemischtes

16. Mai 2006

Emanzipation ...
Ich denke wir haben ja alle irgendwie mitbekommen, das
sich die Welt um uns herum ständig ändert.
Dazu gehört auch die Emanzipation.
Die Frauen sind den langen Weg gegangen und haben hier
auch eine Menge erreicht. Zwar denke ich, das die Eman-
zipation der Frau noch nicht abgeschlossen ist, denke da-
bei an den Anteil der Frauen in Führungspositionen oder
den gleichen Lohn für gleiche Arbeit.
Also ... was ich eigentlich viel interessanter finde, wo bleibt
die Emanzipation des Mannes?
Wieso ist uns Männern noch nicht aufgefallen, das sowohl
die Gesellschaftsstrukturen, wie auch die Werte oder die
Gefühlsebene irgendwie nach Steinzeit riechen.
Warum fällt es uns so schwer, über uns nachzudenken und
dann daraus Schlüsse zu ziehen und Veränderungen
herbeizuführen.
Steinzeit ... und Gesellschaft ...
In der Steinzeit hatte man die Möglichkeit über Kraft, Klug-
heit, Geschick, aber auch über Brutalität, Verschlagenheit
und so weiter, an die Spitze eines Clans zu kommen.
Wie ist das Heute? ...
Heute ist es schwieriger, aber die Struktur ist die Gleiche,
wie in der Steinzeit. Die Methoden sind die selben, nur die
Mittel haben sich modernisiert.
Steinzeit ... und Werte ...
Ich denke das in der Steinzeit die Gruppe oder der Clan
zum Überleben nötig war und man daher ein Gruppen-
wesen war und alles der Gemeinschaft zugeordnet hat.
Wie ist das Heute? ...
Wir lassen uns verkaufen, das das Individuum das
Wichtigste ist und laufen da einer Sache hinterher, die ge-
nau denjenigen in die Hände spielt, die Macht ausüben
wollen oder an der Macht bleiben möchten.

Gemischtes

16. Mai 2006

Denn was will ein Einzelwesen machen?
Wie will er seine Situation verändern?
Klar ... gibt es Mittel ... aber lassen wir mal alles raus,
was illegal oder verbrecherisch ist ...
Also für mich stelle ich eher ein Manko zur Steinzeit fest.
Dort hat die Gruppe mehr Chancen gehabt etwas zu
erreichen oder zu verändern.
Steinzeit ... und Gefühlsebene ...
Ich glaube das man sich einig ist und gerade die Forsch-
ung im Bereich des Neandertalers zeigt, das der Steinzeit-
mensch mit Sicherheit kein Wesen ohne Verstand war,
sich nicht nur instinktmässig auf seine Gefühle verlassen
hat. Sondern ich glaube, das schon in der Steinzeit die
Gefühlsebene eine grosse Rolle gespielt hat und es dem
Neandertaler ermöglichte ... Begräbnisrituale oder
Religionsansätze zu entwickeln.
Also war die Steinzeit eine Entwicklungszeit, war innovativ.
Was ist Heute? ...
Wir denken immer noch, das die Geschlechter eine be-
stimmte Rollenverteilung haben und es nicht möglich ist,
diese zu verändern. Wir handeln immer noch in vielen
Dingen nach dem Instinkt und stellen diesen auch nicht in
Frage. Die Gefühlsebene des Mannes wird versteckt,
unterdrückt, nicht zur Kenntnis genommen ...
also irgendwie ein Rückschritt zur Steinzeit.
Also ... fängt hier nicht die Emanzipation des Mannes an?
Nachzudenken ... was will ich eigentlich sein?
Und vor allem, welche Welt möchte ich haben, in der ich
glücklich sein kann?
Das kann ja wohl nicht die heutige Welt sein ... mit Kriegen,
Hunger, Entrechtung, Verlust der Menschenwürde durch
alles Mögliche und so weiter und so fort ...
Mal nachdenken ...

Gemischtes

18. Mai 2006

Hmmm ...
manchmal ist es schwer, seine Gedanken irgendwie zu
beschreiben, weil bei mir einfach das Gehirn von einer
Sache zur anderen springt und ich nicht weiss, was ich
zuerst durchdenken soll.
Schmunzelt ... lese gerade einen Artikel in der Zeitung
über die BND Krise.
Meinen wir wirklich, das wir hier eine Demokratie haben? ...
Ich glaube auch dem Blauäugigsten müsste langsam klar
sein, das alles was passiert einer Strategie unterliegt. Die-
jenigen, die Macht haben und sie nutzen, werden alles tun,
um sie zu verteidigen.
Ich nehme nur mal raus die Hartz IV Empfänger, da hat die
gewählte Bundesregierung auch gut deutsch Sch... gebaut
und jetzt wird es so gedreht, das man den Missbrauch bei
Hartz IV stoppen will, wie erbärmlich muss man sein ...
seine Fehler nicht einzugestehen. Nein ... man prügelt
dann noch die, die sowieso am Boden sind.
Damit möchte ich sicherlich nicht in Abrede stellen, das es
den Missbrauch gibt ...
Aber dann könnte man doch an einer Sache weiterarbeiten,
die in der Diskussion ist ... das Bürgergeld von 1.500   für
jeden Bürger dieses Staates ... ein Schritt hin zur Mensch-
lichkeit ... zum Fortschritt ... Befreiung von der Last
arbeiten zu müssen ... und sich so dem System unterzu-
ordnen ... Freiheit heisst auch ... das System auf den Prüf-
stand zu stellen … Aber wenn jeder Bürger den Druck weg
hat, für seine Existenz kämpfen zu müssen, welche
Perspektiven könnten sich da eröffnen?
Es heisst doch Volkswirtschaft ...
aber wird für das Volk gewirtschaftet?

Gemischtes

19. Mai 2006

Mal weiter über das Bürgergeld nachgedacht habe ...
Was passiert dann in unserer Gesellschaft? ...

Dadurch, das ich nicht gezwungen bin zu arbeiten, aber
arbeiten kann, bekommt die Arbeit einen Wert ...
das heisst, das volkswirtschaftlich gesehen,
ein Markt für Arbeit entsteht, der durch Angebot und
Nachfrage bestimmt ist, also durch die Dinge,
die in unserem System propagiert werden,
aber nicht wirklich sind ...
Was passiert noch? ...
Durch das Bürgergeld fallen alle Leistungen des Staates
an den Bürger weg ...
die Bürokratie würde auf das wesentliche beschränkt ...
kein Sozialamt mehr, keine Bundesagentur für Arbeit,
keine Kindergeldkasse, kein Rentenamt usw.
Eigentlich müsste doch die FDP dieses Thema besetzen
... oder?
Es ist wirklich interessant an diesen Gedanken weiterzu-
spinnen ...
Eine Gesellschaft, die das Auskommen des Bürgers
geregelt hat,
die die Knechtschaft der Arbeit gebrochen hat,
die den Wert der Arbeit vom Kapital frei gemacht hat ...
eigentlich ein Fortschritt in Richtung Freiheit ...
dem Recht auf Selbstbestimmung ...
dem Recht menschenwürdig das Lebensnotwendige
zu erhalten ...

Gemischtes

19. Mai 2006

Es ist natürlich ziemlich kompliziert das alles in die
gesamten gesellschaftlichen Zusammenhänge
zu bringen ...
Aber was passiert noch? ...
Bürger die sich für Politik interessieren ...
können das tun ... ohne Angst um ihr Auskommen ...
sie können wirklich sagen ... ich möchte etwas für die
Gemeinschaft tun, zum Wohl des Volkes ...
die Parteienoligarchie könnte gebrochen werden ...
ein Schritt zur richtigen Demokratie ...
Irgendwie hat das Ganze interessante Aspekt ...
Wenn ich mir so vorstelle ... man hat keinen Zwang mehr,
der einem Nachts nicht schlafen lässt,
weil man nicht weiss,
wie man über den Monat kommen soll ...
Ich glaube auch die Krankheitsrate würde rapide
gesenkt ...
den wenn die Menschen zufriedener, glücklicher, freier
sind ... dann werden sie auch weniger krank ...
also das Gesundheitssystem würde auch massiv
entlastet ...
und vor allem befreit vom Druck irgendwelcher Lobbies.
Werde mich mal weiter damit beschäftigen ...

Gemischtes

21. Mai 2006

Ein Beispiel,
wie dreist unser Wirtschaftssystem ausgenutzt wird ...

Wir hatten hier in der Stadt zwei städtische Kliniken, diese
wurden dann privatisiert.
Nach einigen Jahren wurde dann aus Kostengründen be-
schlossen, die beiden Kliniken zu einer zusammen zu-
fassen, da das wirtschaftlicher ist.
Für die Zusammenlegung und die Planung des Umzuges
war natürlich die Klinikleitung verantwortlich.
Da dieser Umzug und die Umstrukturierung innerhalb der
Klinik von Seiten der Geschäftsführung völlig fehlerhaft
geplant und durchgeführt wurde, kam es bei Patienten zu
Fehlern, die den Ruf der Klinik sehr geschadet haben.
Die Patientenzahlen gingen zurück.
Nun hat diese Klinik 5 Millionen   Verlust gemacht, was
macht die Geschäftsführung?
Sie will pauschal die Gehälter der Mitarbeiter um 10 %
kürzen. Interessant dabei ist, das die Gehälter der
Geschäftsleitung davon nicht betroffen ist.
Der Konzern an sich schreibt schwarze Zahlen, begründet
wird jetzt, wir müssen trotzdem an die Kosten ran.
Ein Klinikum kann nicht auf Dauer Verluste schreiben und
sich von anderen Häusern durchfüttern lassen.
Hier stellt sich für mich eine Frage ... das Management
macht Fehler ... die Belegschaft soll das ausbügeln ...
Wieweit lassen wir uns diese Art von Ausbeutung noch
gefallen?
Wann wird die Politik endlich mal wach und wird ihrer
Aufgabe ... zum Wohle des Volkes mal gerecht ...

Gemischtes

22. Mai 2006

Es ist schon erschreckend ...
die Diskussion, die wieder um den Paragraphen 218
aufflammt ...
Ich weiss selber das es ein sehr schwieriges Thema ist
und man da sicherlich nicht immer frei von Emotionen ist.
Sicher ist mir da nur eins ...
wenn ich die Heuchelei der Politik da sehe ...
da spielen sich Politiker zu Moralaposteln auf und
plädieren für das Recht des Ungeborenen ...
daran wäre ja eigentlich nichts dran auszusetzen ...
aber ... wo ist der zweite Schritt? ...
Wo plädieren diese gleichen Politiker für das Recht, das
dieses Kind, was nichts dafür kann, wenn es in diese Welt
kommt ... menschenwürdig, ohne Armut, mit Eltern die frei
von finanziellen Sorgen sind ... aufwachsen kann? ...
Wo sind sie? ... diese Politiker???
Ich sehe hier mal wieder bestätigt ...
die Macht versucht eins ...
alles was möglich ist aus den Menschen raus zu pressen,
aber wenn es dann um Werte, Moral, Anstand, Teilen ...
alles Dinge, auf die wir hier im Westen so stolz sind ...
was den sogenannten christlichen Werten entspringt …
wenn es darum geht ...
dann sehe ich selten einen Aufschrei in der Politik ...
dann sehe ich keinen Untersuchungsausschuss ...
der zum Beispiel etwas an der Kinderarmut macht ...
oder der Gleichberechtigung der Frau ...
aber ...
Jedes Volk verdient seine Führung ...

Gemischtes

29. Mai 2006

Geiz ist geil ...

Fast die Hälfte aller Jugendlicher,
die eine Lehrstelle suchen, bekommen keine ...
Verkneife mir zu sagen ...
(die Kinder und die Jugend sind unsere Zukunft)
Nun kam eine interessante Analyse dazu,
man meint das die Lehrstellen zu teuer sind
und deswegen weniger ausgebildet wird ...
okay ...
Nun mein Vorschlag ...
Die Eltern zahlen das Lehrlingsgehalt ...
damit wäre der Lehrherr entlastet (Geiz macht geizig)
und der Jugendliche könnte eine Ausbildung machen ...
Reizvoll ...
Oh ... der Jugendliche verdient ja was ...
dann kann das Kindergeld wegfallen ...
wieder was gespart ...
Boah ...
bin ich heute steinbrückig ...

Gemischtes

29. Mai 2006

Machen wir mal da weiter ...

Politiker wollen doch auch nur etwas aus Überzeugung
machen ... sie wollen dienen ... dem Staat und dem Volk ...
Gut ...

Gehen wir mal von einem Abgeordnetengehalt von
13.000   aus ...
Also wer Abgeordneter werden will
13.000   mal 13 Monate mal 4 Jahre gleich 676.000   ...
Das also zahlt der Abgeordnete an die Staatskasse und
kann uns somit 4 Jahre lang traktieren ...
Hmmm ...
wo sind den noch geizige Einsparmöglichkeiten???
Ach ... die Banken ...
Also ... die Bank macht ja nichts daran, das das Gehalt
des Arbeitnehmers auf ihr Konto kommt, das macht ja der
Arbeitgeber ...
Dafür sollte er doch entlohnt werden ...
also stellt der Arbeitgeber der Bank, auf deren Konto er
das Arbeitnehmergehalt überweist,
10 % Banküberweisungsgebühr in Rechnung ...
Von den 10 % bekommt der Arbeitnehmer 50 % und somit
profitieren alle ...
Die Bank hat Verlustabschreibungen ...
Der Arbeitgeber hat 5 % Lohneinsparung ...
Der Arbeitnehmer 5 % Lohnerhöhung ...
Geil ...
Kapitalismus macht Spass ...

Gemischtes

2006

Der Stoibär

Es begab sich im Österland,
das ein Stoibär Langeweile hatte.
Er lag vor seiner Höhle
und träumte von der grossen weiten Bayernwelt,
er träumte von Glosbier und Becksteinsemmeln
und wie er dann so vor sich hinstoiberte,
kam ihm die Idee ...
kleiner Grenzverkehr ...
Also raffte er sich auf
und trottete gen Norden ...
da soll es ja solche Lichter geben,
die so leuchten.
Auf seinem Weg begegnete er niemanden,
was auch gut für ihn war, denn das letzte Mal,
als er unterwegs war, hatten so Grüne ihn verfolgt ...
er schüttelte sein weises Haupt
und ähmte so vor sich hin ... die Grünen ... ja ja.
Wie er da vor sich hinmerkelte,
stellte er fest, das er schon an der Grenze war ...
der Geruch war anders ...
Sein westerwelliges Herz klopfte stark,
er hatte ja schon einen langen Weg hinter sich.
Nun stand er da an der Grenze
und las die Bayerngrenzlandübertrittserklärungen,
die an jedem Baum im Grenzgebiet aushingen.

Geblödeltes

2006

§ 1 Stoibärs dürfen nicht nach Berlin

§ 2 Stoibärs dürfen vor sich hinmerkeln,
aber sich nicht dabei erwischen lassen.

§ 3 Stoibärs dürfen ähmen, aber nicht rumbayern

§ 4 Stoibärs dürfen Becksteinsemmeln essen

§ 5 Stoibärs dürfen nicht ins Grüne

§ 6 Stoibärs dürfen sich nicht vermehren

Jetzt mal ernsthaft ... da wandert ein Braunbär ... einer ...
keine Armee ...
über die Grenze und was passiert???
Ein Medienspektakel ...
alles ist auf den Beinen ...
ob Politiker,
Verbände,
Organisationen
oder Presse ...
Ich weiss nicht ...
sogar der Ministerpräsident des Freistaates Bayern ...
ähmte sich ...
Ich glaube man muss dazu keinen Kommentar abgeben ...
das alles spricht eigentlich für sich ...
Armes Deutschland ...

Geblödeltes

2006

Hmmm ...

Heute bin ich Papst Gregor XIII.
und model den Kalender um ...

Der Tag heute existiert nicht ...

Hmmm ...

Warum werden Politiker eigentlich nicht arbeitslos???

Grübel ... denk ... nachdenk ...

Geblödeltes

2006

MML
Ballacks Wade zwickt
07.Juni 2006
http://www.mm-nachtfalke.de/index.jsp?
ich_finde_das_lustig_Fussball_WM_DFB=123456789
WM 2006

Sorgen um Ballack-Einsatz.

DFB-Kaptän immer noch mit Wadenproblemen.
(Berlin)
Drei Tage vor dem WM-Start gibt es erneut grosse Sorgen
um Michael Ballack.
Nach seiner überstandenen Sprunggelenksverletzung
laboriert der Kapitän der deutschen Nationalmannschaft
nun an einer Verhärtung und einem Bluterguss in der
Wade, die er bereits beim 3 : 0 im Länderspiel am
vergangenen Freitag gegen Kolumbien erlitt.

Geblödeltes

2006

Der DFB hat nun ein Sonderermittlungskomitee gegründet,
das versucht,
den Wadenbeisser ausfindig zu machen.
Nach eingehenden Studien der Filmaufnahmen des
Kolumbienspiels muss man ausschliessen,
das irgendein Komplott von Seiten der Kolumbianer
stattgefunden hat.
Die Suche konzentriert sich nun innerhalb der
deutschen Nationalmannschaft,
weil es nicht auszuschliessen ist,
das hier ein Maulwurf am Werke ist.

Das ZDF und die ARD unterstützen das
Sonderermittlungskomitee mit einer Kameraspezialeinheit,
die sich aus Liliputanern zusammensetzt
und seit Freitag auf Wadenhöhe Michael Ballack filmt.
Von diesen Aufnahmen erhofft man sich eine Klärung.
Eins haben die Aufnahmen schon gezeigt,
es war ein fremder Fuss in der Nähe
der Wade von Michael Ballack zu sehen.
Nun geht es darum zu ermitteln,
wem der Fuss gehört.
Wir werden Sie auf dem Laufenden halten.

Geblödeltes

2006

MML
Ballacks Einsatz ungewiss
8. Juni 2006
http://www.mm-nachtfalke.de/index.jsp?
ich_finde_das_lustig_Fussball_WM_DFB=123456789
WM 2006

Ballack-Einsatz weiterhin fraglich.

Kapitän bricht Mannschaftstraining ab.
(Berlin)
Das Bangen um einen Einsatz von Michael Ballack im
WM-Eröffnungsspiel dauert an.
Noch ist offen, ob der Kapitän seine Wadenverhärtung
rechtzeitig auskurieren wird und die deutsche
Nationalmannschaft gegen Costa Rica am Freitag aufs
Feld führen kann.
Nach aktuellem Stand sieht es jedoch schlecht aus:
Ballack musste am Mittwoch das Training vorzeitig
abbrechen.
Nach Angaben des DFB war der Muskel noch nicht
"ausreichend belastbar", um am abschließenden
Trainingsspiel teilzunehmen.
Der 29-Jährige wurde am Mittwochabend von der
medizinischen Abteilung des DFB weiterhin intensiv
behandelt.
Gleichzeitig geht die intensive Suche nach dem Waden-
beisser weiter.
Der fremde Fuss an Ballacks Wade, konnte nach
Ermittlungen des Sonderermittlungskomitees, unter Ein-
schaltung des Bundeskriminalamtes identifiziert werden.
Um die weiteren Ermittlungen nicht zu gefährden, wurde
eine Nachrichtensperre verhängt.
Dies macht deutlich, wie ernst die Situation ist.

Geblödeltes

2006

Klare Vorgabe Klinsmanns

Die Genesung des zukünftigen Chelsea-Stars wird in
jedem Fall zum Wettlauf mit der Zeit.
Denn Jürgen Klinsmann hat klare Vorgaben gemacht.
"Wer zwei Tage vor einem Spiel nicht fit ist, spielt auch
nicht", sagte der Bundestrainer.
Auf Anfrage der Presse, wie denn der Bundestrainer die
Entwicklung innerhalb der Mannschaft sieht, wich der
Bundestrainer aus.
Er sagte, das man nach Gesprächen mit dem Sonderer-
mittlungskomitee, dem DFB und der FIFA zu dem Er-
gebnis gekommen ist, nichts zu sagen.
Hinter vorgehaltener Hand spricht man vom Druck der
Sponsoren, das die Wade von Ballack auf jeden Fall
Bestandteil der Sponsorenverträge ist und somit beim
Spiel gegen Costa Rica auf dem Bildschirm zu er-
scheinen hat. Eine im Moment schier unlösbare Aufgabe
für den Bundestrainer.

Muskelfaserriss droht

Am Dienstag hatte Ballack auf das Nachmittagstraining
komplett verzichten müssen.
Das Problem: Wenn die Verhärtung nicht vernünftig be-
handelt wird, würde im schlimmsten Fall ein Muskelfaser-
riss und damit das WM-Aus drohen.
"Wir werden kein Risiko eingehen. Mit einer Wadenver-
letzung ist nicht zu spaßen", sagte Co-Trainer Joachim
Löw. "Notfalls müssen wir ohne Ballack spielen."
Dann brach Löw weinend zusammen und schluchzte
etwas von Katastrophe, während zwei BND Beamte ihn
aus der Pressekonferenz führten.

Geblödeltes

2006

Borowski erste Alternative

In diesem Fall würde Tim Borowski wie schon beim 7:0
gegen Luxemburg den Spielführer in der zentralen
Mittelfeldposition ersetzen.
Allerdings will Ballack, der vom FC Bayern zu
Chelsea London wechselt, unbedingt noch mal in der
Allianz Arena auflaufen.
"Ich gehe davon aus, dass ich spiele", zeigte er sich
daher zuversichtlich. "Ich beiße die Zähne zusammen."

Dazu meldete sich dann Franz Beckenbauer, der dem
staunenden Pressepulk mitteilte, das er dem
Michael Ballack intensiv psychologisch betreut hat und
erklärte wie es dazu kam, das Michael Ballack seine
Zähne zusammenbeißt.
„ Ja mei, dös war doch einfach, hab dem Michael die
Nibelungensage am Bett vorgelesen, aber der Döspattel
hat nur gejammert. Na, schaun wer mal … hab i denkt.
Dann hab i dem Michael gsagt, das der Kahn an seiner
Stelle zum Einsatz kimmt.
Dös wars."

Geblödeltes

2006

Lehmann hofft auf Ballacks Einsatz

Auch Torhüter Jens Lehmann hofft auf einen Einsatz des
Neu-Londoners.
"Er ist nicht nur aufgrund seiner Erfahrung sehr wichtig
für uns. Für ein Spiel kann man ihn vielleicht ersetzen,
aber wenn er für mehrere Spiele ausfallen würde, wäre
das schon tragisch für uns", sagte Lehmann am Mittwoch
und wurde von Meyer Vorfelder wieder ins Hotel gebracht.
Ballacks Verletzungsanfälligkeit war aber vor allem in der
abgelaufenen Spielzeit auffällig:
13-mal musste er aussetzen, im Trainingslager auf
Sardinien war er dann erkältet und in Genf konnte er
wegen einer Sprunggelenksverletzung mehrere Tage
nicht trainieren.

Wie Dpd meldete scheint die Schwarze 13 auch irgendwie
in den Ballackfall verwickelt zu sein,
es überschlagen sich hier in Berlin die Ereignisse.

Aus Berlin berichtet Nachtfalke im Auftrag
von Harry dem Hirsch
Copyright MML DEUTSCHLAND 2006
Alle Rechte vorbehalten,
ausser Lach- und Sachgeschichten
Vervielfältigung nur mit Genehmigung der Sponsoren

Geblödeltes

2006

Rückblende auf Gestern ...
Hmmm ...
Schaue Deutschland Costa Rica.
Nunja, 2 : 1 für Deutschland, ist okay.
Es kommt ja noch die Additional Time,
denke das die Mannschaft,
die führt, so eine Time als Bonus bekommt.
Höre gerade den Klinsi schreien ...
weiter, weiter, weiter ... grübel ...
den Ball hat aber Costa Rica ...
Oh ...
It's your Heimspiel, make it real ... toll,
die Amis unterstützen uns Deutsche ...
Bush ... make it real ... we for Weltmeister ...
Boah ...
der Kahn hat die Hände in den Hosentaschen …
denke jetzt nichts ... Flegel ... tz tz.
Oh ...
Schöner Werbefilm ... huuund ...ei ...
was immer das auch heissen mag ...
sah aber gut aus ...
Gut ... Nachrichten ...
Die grosse Koalition ist sich einig ...
Bundesbürger zahlen ... ansonsten ...
Mensch nichts gelernt ... Tod.
Hmmm ...
Drafi ... Ballack, Kahn und Poldi spielt,
aber unser Gegner nicht ...
In Memorial ...
Jetzt geht es weiter ...
bin schon ganz geschwitzt und gezittert ...
Oh Mann ... Vorspiel ...
Bitburger gegen T-Com ... grummel.

Geblödeltes

2006

Die zweite Hälfte läuft ... ungläubig guckt ... 100 m???
Hmmm ... die decken nicht genau,
wenn das einem Hengst passieren würde ...
der wäre beim Metzger ...
Sabbat ...
Wer hat den Arm getapet??? ...
Kenne das Wort garnicht ...grübel ...
was heisst das denn???
Irgendwie verstehe ich immer weniger ...
GER hat 14 Shots ... cool.
Ist das der Eurovision Football Contest?
GER hat 14 Shots ...
BRA hat 0 Shot ...
FRA hat 0 Shot ...
Klinsi guckt böse ...
Fussball hat eine Menge zu bieten,
nun ist Traben angesagt,
mal sehen wann die Dressur kommt.
Oh ...
jetzt wurde gesagt die Deutschen könnten
eingeschläfert werden ... ist das Spiel dann aus?
Klose ... 3 : 1
Jetzt Rasenschach ... geil ...
So ... jetzt kommt ein neuer Mann,
denke es wird dann lebendiger ...
Wechsel bei den Deutschen ...
Klinsi hat den Wechsel unterschrieben
und Borowski geht kopfschüttelnd vom Platz ...
mach dir nichts draus Borowski ...
nicht jeder versteht die Finanzwelt ...
3 : 2 ...
war verdächtig sagen die im Fernsehen,
denke da wird der BND sicher noch was machen.

Geblödeltes

2006

Oh ...
höre gerade, wir haben Costa Rica aufgebaut ... na ...
dann müssen die uns ja gewinnen lassen,
klasse ... mache mir keine Sorgen mehr.
Hmmm ...
Deutschland drängelt und drückt ...
Wieso haben wir nur 3 Punkte??? ...
Wir hatten doch schon 14 Shots???
Freistoss, Eckball, Anpfiff, Abpfiff, aus ...
Neeeeeeeeee ...
Friedrich bleibt hängen ... der Arme ...
wer hat das veranlasst? ...
Ich wäre dafür,
das jemand den abschneidet ...
man ist ja kein Unmensch ...
Nunja ...
eine Schwalbe macht noch kein Tor ...
alte Weisheit ... vom Herberger ...
der hatte auch gesehen, das der Ball rund ist ...
OHA ...
Frings hat es entschieden ...
und wieder 3 Additional Time Punkte ...
AUS ...
der Lahme war der Beste ...
Okay ...
Zeit für das Resumee ...
Es ist Fussballweltmeisterschaft ...
alle Mannschaften spielen ...
nur Deutschland wird Weltmeister ...

Geblödeltes

2006

Boah ...
heute dachte ich an Pogo in Togo ...
und was ist???
Auf nichts ist mehr Verlass ...
was mach ich nun mit der Togofahne? ...
Dem Togoshirt? ...
Dem Togoauto? ...
Den Pogo CD's? ...
grummel ...

Geblödeltes

2006

Ich habe mit grossem Interesse die Diskussionen
um das neue deutsche Gefühl der Nation verfolgt ...
Habe nächtelang nachgedacht, analysiert,
gedacht ich hätte gedacht ... wieder verworfen.
Ich habe mich mit Zeitungen gequält,
haltet mal die Süddeutsche 2 Stunden lang
mit ausgestreckten Armen ...
Habe die Fernsehsender rauf und runter geschaut ...
habe jetzt keine Programme mehr ... weggeschaut.
Ich habe mich in den Wald verzogen,
habe den Problembär gesehen ...
aber niemand informiert ... soll Stoiber machen.
Habe Beckenbauers Hochzeit ignoriert ...
er verzeihe mir ...
aber sein Hubschrauber war zu schnell.
Und jetzt habe ich es ...
Mir ist es gelungen ...
Es war alle Mühe wert ...
Ich habe das Wort gefunden ...
das alles was in Deutschland jetzt passiert
auf den Punkt bringt ...
Keine langen Analysen mehr ...
über die Nation ...
Keine Expertenrunden mehr ...
Keine Talkshows mehr ...
Nein ... nur noch ein Wort ...
Deutschland ist ... multifunktionational ...
Puuuh ...
werde jetzt stolz in den Urlaub gehen ...
natürlich multifunktionational ...
im Dreiländereck ...

Geblödeltes

04. Juni 2006

Hmmm ...
So sitze ich also morgens hier vor dem Pc ...
und denke ...
Manchmal frage ich mich, ob es nicht besser wäre,
wenn unser Denken ganz einfach strukturiert wäre ...
aber ist es leider nicht ...
also muss ich sehen,
wie ich das Gedankenchaos sortiere ...
Also mache ich das ... ich sortiere mal ...
Was sind meine wichtigsten Gedanken ...
Liebe ...
Sehnsucht ...
Herzschmerz ...
Freude ...
Gefühle ...
Was sind meine Nebengedanken ...
Was ist bloss in der Welt los ...
Was ist Demokratie ...
Wo ist mein Kaffee ...
Hab ja noch garnichts gegessen ...
Schon wieder Fussball ...
Der Fernseher ist zu laut ...
Welche Musik mache ich jetzt drauf ...
Was sind meine unwichtigen Gedanken ...
Da ist ein Fleck auf meiner Hose ... oh Gott ...
Da liegt ja noch eine Rechnung ...
Boah ... draussen ist trüb ...
Der Teppich muss gesaugt werden ...
Ich bin blöd ...
Okay ...
besser ist es ...
In diesem Sinne bis Morgen ...

Gemischtes

05. Juni 2006

So ... Countdown ...
Klinsi und die Klinsmänner sind in Berlin ...
Ausnahmezustand ...
Mütter holen ihre Töchter rein
und vergeben Hausverbot ...
Die Polizei ist im Dauerstress ...
dauernd Strassen sperren ...
nur es war kein Bankraub ...
Ach ...
ich habe die Ankunft der Brasilianer gesehen ...
und was glaubt ihr wer da hintenan trottete ...
der Roland Koch ...
ja der Politiker ...
der Ministerpräsident ...
Ob der bei Brasilien angeheuert hat?
Hmmm ...
Ich gebe den Brasilianern
die brutalst mögliche Aufklärung über Klinsi ... ja ...
Hoffentlich nehmen die Brasilianer den Koch
auch mit nach Brasilien ...
dann wäre es ein Problempolitiker
in Deutschland weniger ...
Ob der BND weiss was der Roland da macht? ...
Fällt das unter Landesverrat?

Gemischtes

05. Juni 2006

Irgendwie finde ich immer weniger Geschmack
an der (WM Copyright FIFA)
 weil irgendwie bekomme ich nichts mehr ohne Ball ...
Da wollte ich mir einen Hamburger holen ...
was bekam ich? ... Einen Fifa Royal ... mit Klinsisauce
Okay ...
dachte ich ... Currywurst ... also ab in den Imbiss ...
Bitte eine Currywurst mit Pommes und Ketchup
und Mayo ...
Sorry werter Herr ...
Also wir haben ...
Thüringer á la Ballack mit Creme Portugal
und Mayenglaise ...
Oder ... Wurst Polska mit Rot / Weiss
Unser Hit ist ...
Fifa - Schnetzelwurst mit Blattersauce
nach Schweizer Art
Boah ... raus da ...
wo bekomme ich was zu essen????
Also ab in den Aldi ...
Fifawürstchen, Hollandkäse, Italienwein usw. ...
Ich steig aus ...

Gemischtes

09. Juni 2006

So ...
Hmmm ...
Ich bin Klinsi ...
Heute spielen wir ...
Jetzt wird alles wieder gut ...
In dieser Stimmung ist Deutschland ...
und in geheimen Zimmern der Politik werden
schon die nächsten Foltermethoden ausgetüftelt.
Grrr ...

Hatte von meiner Tochter die Schulbescheinigung zur
zuständigen Agentur für Arbeit geschickt, allerdings ohne
ein Anschreiben.
Gestern bekam ich einen Brief von der Agentur für Arbeit.
Man könne die Schulbescheinigung nicht zuordnen ...
Name und Adresse steht auf der Schulbescheinigung ...
ich war sauer ...
Habe heute zurückgeschrieben ...
kann Ihre Schrift nicht entziffern ...
Ich glaube es wird an der Zeit, mal wirklich Strafanzeigen
zu stellen, wegen Missbrauch von Steuergeldern ...

Sollte mal unter kaltes Wasser gehen
und mich abkühlen ...

Bis demnächst in diesem Demokratietheater ...

Gemischtes

11. Juni 2006

Bei aller Freude für den Fussball ...
sollte das nicht vergessen werden ...
Geldmaschine FIFA - 11. Juni 2006
http://www.aol.de/index.jsp?
sg=Finanzen_Wirtschaft&cid=1237167129

Wen fördert die FIFA?
Die FIFA hat die Aufgabe, "den Fußball fortlaufend zu
verbessern", wobei der „völkerverbindende, erzieherische,
kulturelle und humanitäre Stellenwert" zu berücksichtigen
sei. In den Ausgaben 2005 sind etwa Zuschüsse an das
deutsche WM-Organisationskomitee, Startgelder, Prämien
und Gelder für die Unterstützungsprojekte der FIFA ent-
halten.
Das Goal-Programm, das jedem Mitgliedsland zu einem
Verbandsgebäude verhelfen soll, hat beispielsweise ein
Budget von 25 Millionen Franken im Jahr. Darunter seien
Jugendwettbewerbe, Entwicklungsprogramme und ein
Projekt mit sechs SOS-Kinderdörfern.
"Die Einnahmen aus der WM erlauben uns, unsere
soziale Verantwortung wahrzunehmen", sagt Blattner.
Neben Ländern der Dritten Welt fördert die FIFA vor allem
sich selbst: An Mitglieder der Geschäftsführung und des
24-köpfigen Exekutivkomitees überwies die FIFA 2005
rund 16 Millionen Franken. Noch besser ist der Vorsorge-
plan, für den die Chefetage im ersten Jahr 12,5 Millionen
Franken beiseite gelegt hat. Funktionäre, die dem Verein
acht Jahre lang die Treue halten, sacken nach dem Rück-
tritt weiter die gleichen Bezüge wie in ihrer Amtszeit ein.
© AOL DEUTSCHLAND 2006

Gemischtes

11. Juni 2006

Geldmaschine FIFA - 11. Juni 2006
http://www.aol.de/index.jsp?
sg=Finanzen_Wirtschaft&cid=1237167129

Skandale im FIFA-Umfeld
Nach einer Umfrage des Instituts "Sport+Markt" bewerten
nur fünf Prozent der fußballinteressierten Deutschen die
Arbeit der FIFA als sehr gut, 20 Prozent als gut. Ein
Grund für die schlechten Werte: Die FIFA wird immer
wieder mit Skandalen in Verbindung gebracht.
Vorwürfe, Präsident Blattner habe seine Wahlen 1998
und 2002 erkauft, ließ er an sich abprallen. Für negative
Presse im FIFA-Umfeld sorgt der Konkurs des
ehemaligen Geschäftspartners ISL im Jahr 2001:
Noch immer läuft ein Untersuchungsverfahren wegen des
Verdachts auf Untreue und Betrug. Die Staats-anwalt-
schaft Zug (Kanton in der Schweiz) will zudem bald be-
schließen, ob sie gegen Manager des einstigen
FIFA-Rechte-Vermarkters klagt und Einzelheiten über
das Geschäftsgebaren ans Licht bringt.
Eine Selbstkontrolle im Verein funktioniert schon lange
nicht mehr, wie der aktuelle Skandal um Jack Warner
zeigt. Der FIFA-Vizepräsident aus Trinidad soll
WM-Karten überteuert über das Reisebüro seiner Familie
verkauft haben. Pikant: Warner gilt als enger Vertrauter
Blatters und ist Vize der sechsköpfigen Kommission, die
für Finanzen zuständig ist. Bislang zog der Fall keine
Konsequenzen nach sich.
© AOL DEUTSCHLAND 2006
Alle Rechte vorbehalten
Vervielfältigung nur mit Genehmigung der
AOL Deutschland GmbH & Co. KG

Gemischtes

12. Juni 2006

Hmmm ...
habe da ein Bericht gelesen, das der Al Kaida Führer im
Irak Sarkawi noch lebte, als er von den US Soldaten ge-
funden wurde, nach Meldungen britischer Zeitungen sollen
dann die Soldaten auf ihn eingeschlagen haben
und er ist dann verstorben.
Nunja ... erst einmal abwarten,
ob sich diese Berichte bestätigen ...
förderlich zur Aufklärung ist sicher nicht,
das US Mediziner die Obduktion vorgenommen haben ...
Wenn ich überlege, wie stolz ich mal vor 20 Jahren war,
Demokrat zu sein ...
nun ...
ich muss immer mehr feststellen, das das,
was uns als Demokratie verkauft wird ...
nichts mit Demokratie zu tun hat ...
Also ein weites Feld des Nachdenkens …
gehen wir es an ...

Gemischtes

17. Juni 2006

Es gibt so Tage, die irgendwie ein Tiefpunkt sind ...
Geprägt von Missverständnissen, reissen sie einen tief
hinab in ein dunkles Loch der Traurigkeit, des Selbst-
mitleides, der Zweifel und des Haderns mit dem Schicksal.
An solchen Tagen vergisst man sehr leicht, das der Grund,
warum es einem so schlecht geht, nicht genau zu
definieren ist ... man macht ihn an seinen eigenen
Gedanken fest ... man steigert sich in seine Gedankenwelt
hinein ... nur ... den Anlass und die Ursache, die hinterfragt
man nicht ... man fühlt sich ja so unverstanden, man wird
ja so ungerecht behandelt ... dabei wird man selber
ungerecht.
Warum geht man nicht hin und fragt ganz einfach ...
was ist passiert, warum ist das so passiert und welche
Gründe haben zu dem Ereignis geführt ...
also einfach reden.
Hat man das getan ... erscheint plötzlich das Ganze in
einem anderen Licht und man stellt fest ... nicht man
selber ist ungerecht behandelt worden ... nein ... man hat
jemand anderen ungerecht behandelt und für sich selber
als Rechtfertigung ... das eigene Missverstehen in den
Vordergrund gestellt ...
also nochmals ... reden, reden, reden.
Es scheint die Sonne ...
und man hat immer ein zu Hause ... wenn man denn will.

Gemischtes

26. Juni 2006

Nun ist Bruno tot ...

Er kann aber stolz auf sich sein,
welcher Bär hat es schon
geschafft, eine ganze Nation zu beschäftigen.
Organisationen, Ministerien, Minister,
Ministerpräsidenten ...
Bruno ich ziehe meinen Hut vor dir ...
Aber was steckt hinter der Geschichte ...
Nehmen wir wertfrei die Fakten ...

Zum Abschuss freigegeben wurde er,
weil niemand gewährleisten konnte,
das nicht doch ein Mensch zu Schaden kommt ...
Wie handeln wir in vergleichbaren Dingen?

Auto ... es sterben soviel Menschen durch Autounfälle,
das 100 Brunos nicht reichen würden ...
Argument dagegen ...
Gefährdungshaftung ...
versagt der Mensch und kommt ein Mensch zu Schaden,
ist es nur noch ein Versicherungsfall.

Alkohol ... es sterben soviel Menschen durch Alkohol,
das 1.000 Brunos nicht reichen würden ...
Argument dagegen ...
jeder Mensch ist für sich selber
verantwortlich ...
die Demokratie geht vom selbstbestimmenten Handeln
aus ...kommen hier Menschen zu Schaden,
ist es ein Fall für die Gemeinschaft.

Rauchen ... in der selben Kategorie ...

Gemischtes

26. Juni 2006

Umweltverschmutzung ...

Genmanipulationen ...

Inhaltsstoffe in Nahrungsmittel ...

Atomkraftwerke ...

und so weiter ...

Ich weiss nicht wie ich das so werten soll ...
da wird ein Tier erschossen,
weil es eine Gefahr darstellt ...
Aber was passiert bei Menschen?
Die doch in der Lage sind nachzudenken,
was sie tun, oder nicht tun wollen ...
Ich überlege, ob das ganze Wertesystem,
das sich der Mensch aufgebaut hat,
einfach vom falschen Ansatz ausgeht ...
irgendetwas stimmt da nicht ...
Stelle das einfach mal so in den Raum ...

Gemischtes

04. Juli 2006

Oh deutsche Land, oh deutsche Land
wir spielen heute sehr galant
Oh deutsche Land, oh deutsche Land
wir spielen heute auch charmant
Wir spiel'n nicht nur für Frings allein
nein, auch für uns, es muss so sein
Oh deutsche Land, oh deutsche Land
wir spielen heute uncharmant.
Oh deutsche Land, oh deutsche Land
Italien hat uns sehr gefallen
nun ist es dringend Zeit zu geh'n
Italien wird das nicht versteh'n
Oh deutsche Land, oh deutsche Land
die Tore fall'n so gerne
Oh deutsche Land, oh deutsche Land
Italien läuft ins Leere
mal Klose und dann Lahmilein
mal Schneider und dann Poldiklein
Oh deutsche Land, oh deutsche Land
Italien bringen wir zu Fall
Oh deutsche Land, oh deutsche Land
wir sehen uns am 9. Juli
Italien ist dann schon zu Haus
wir bleiben hier und spiel'n es aus
Oh deutsche Land, oh deutsche Land
wir werden Weltenmeister

Frei nach O Tannenbaum
Konnte es mir nicht verkneifen ...
nach einigen italienischen Kommentaren ...
sorry meine lieben Landsleute aus der Stiefelzone ...
aber heute ist Jacke näher, wie Hose ... lacht.
Auf ein gutes Spiel ...

Gemischtes

15. Juli 2006

Wie krank ist diese Gesellschaft?
Was wird uns da verkauft als Demokratie
und Individualrechten?
Was für ein Ziel steckt eigentlich dahinter?

Fragen über Fragen ...

Ich versuche mich mal da durchzudenken, natürlich völlig
emotional und völlig bewertend und natürlich
polemisierend und polarisierend ...
Das erste Thema, das mir auf der Seele brennt ...
Drogen ...
Haschisch und Mariuhana ...
Ich nehme einfach mal die Fakten,
die mir zugänglich waren ...
Der Wirkstoffgehalt des heutigen Mariuhanas liegt viermal
höher, als bei dem Stoff, der in den 70 ern geraucht wurde.
Zweitens gibt es medinzinisch bewiesene Studien, das der
heutige Stoff bei Jugendlichen unter 16 Jahren das Gehirn
schädigt ...
Drittens ... heute wird nicht wie in den 60 ern und 70 ern
mal ein Joint geraucht ... es sind heute zum Teil mehrere
am Tag ...
Ich lass das mal auf mich wirken ... ich trinke immer ab
und an ein Kölsch ... 4,2 % Alkoholgehalt ...
Jetzt trinke ich ein Kölsch 16, 8 % Alkoholgehalt ...
was passiert?
Wo ist der Unterschied?
Fängt das Denken an?

Gemischtes

15. Juli 2006

Wer hier noch glaubt,
das Mariuhana keine Einstiegsdroge ist ...
der belügt sich selber ...
auch ein Alkoholiker wird immer abweisen
ein Alkoholiker zu sein ...
habe das ja selber im engsten Familienkreis erlebt ...
Ich finde es also unverantwortlich noch weiter über eine
Legalisierung der sogenannten weichen Drogen zu reden,
alle Drogen gefährden Menschenleben, somit darf keine
Droge legal sein, auch nicht Alkohol, Tabak oder
Medikamente.
Ich finde es unverantwortlich ...
wie wir in unserer Spass- und Wahngesellschaft
rücksichtslos die Kinder und Jugendlichen opfern ...
Nun gut ... erster Schub vorbei ...

Gemischtes

17. Juli 2006

Individualisierung der Gesellschaft ...

Ich glaube das ist die grösste Lügengeschichte
der Moderne ...
Es geht einzig und allein um die Zerschlagung von natür-
lichen menschlichen Veranlagungen.
Erst propagiert man, jeder Mensch ist ein Individuum, hat
seine Individualrechte ...
Hat man dieses durchgesetzt, propagiert man, wenn jeder
Mensch ein Individuum ist, Individualrechte hat, somit
freiheitlich entscheiden kann, dann kann er auch über alle
Lebensrisiken frei entscheiden und sich damit ausein-
andersetzen ...
Ziel dieser Geschichte ist für mich eigentlich nur eins ...
die Zerschlagung, Schwächung von Organisationen, die
eine Masse von Menschen vertritt ...
dies geschieht übrigens auch durch Aufsplittern
einer Masse ...
Die Stärke einer Organisation ist nunmal die Anzahl der
Menschen, die sie vertritt.
Beispiel ...
Eine Organisation hat 1 Million Mitglieder ...
Vier Organisationen haben jeweils 250.000 Mitglieder ...
alle vier Organisationen haben ungefähr gleiche Zielsetz-
ungen ... aber was wird passieren?
Selbstzerfleischung ...
Ein ziemlich cleveres Konzept ...
Gut ... sind Themen ...
die länger durchdacht werden müssen ...

Gemischtes

18. Juli 2006

Wie krank ist diese Gesellschaft?
Was wird uns da verkauft als Demokratie
und Individualrechten?
Was für ein Ziel steckt eigentlich dahinter?

Fragen über Fragen ...

Ich versuche mich mal da durchzudenken, natürlich völlig
emotional und völlig bewertend und natürlich
polemisierend und polarisierend ...
Ein zweites Thema, das mir auf der Seele brennt ...
Opferschutz ...
Wie kann es sein, das Opfer von Verbrechen von gemein-
nützigen Organisationen betreut werden müssen und das
auch erst nach langen Kämpfen, während eine
psychiatrische Behandlung eines Täters auf Steuerzahler-
kosten sofort per Gerichtsbeschluss wirksam wird.
Ich weiss nicht, irgendwie ist dieser Gesellschaft das
Gerechtigkeitsempfinden abhanden gekommen, nicht das
ich damit dem Täter das Individualrecht absprechen will ...
nein ... aber das Opfer hat die gleichen Rechte.
Ich denke, in einem früheren Text habe ich schon mal da-
rüber geschrieben, dass ich der 68er Generation vorwerfe,
auf der ganzen Linie versagt zu haben ... Gutmensch ...
kann man nur unter Gutmenschen sein.
Wie geht man mit Hartz IV Empfängern um, verdonnert
sie zu 1 Euro Jobs ... für mich eine Art von Zwangsarbeit.
Und ... wie machen Täter ihre Schäden gut? ...
Wer kümmert sich darum?
Ach ...
Individualrisiko der Opfer ...
so so ...

Gemischtes

20. Juli 2006

Wie krank ist diese Gesellschaft?
Was wird uns da verkauft als Demokratie
und Individualrechten?
Was für ein Ziel steckt eigentlich dahinter?

Fragen über Fragen ...

Ich versuche mich mal da durchzudenken, natürlich völlig
emotional und völlig bewertend und natürlich
polemisierend und polarisierend ...
Ein drittes Thema, das mir auf der Seele brennt ...
Frauen und Kinder ...
Habe gerade mal wieder einen Bericht über Kinderhandel
und auch Frauenhandel gesehen, über Missbrauch von
Kindern oder Frauen, das geht weltweit so ...
Wo sind die Sheriffs oder Cowboys dieser Welt, die so
christlich und heuchlerisch in der Kirche beten? ...
Wo sind sie da???
Wo sind die sogenannten Demokratien, die glauben, den
Stein der Weisen gefunden zu haben, mit dieser
Gesellschaftsform und heuchlerisch auf das Grundgesetz
schwören ...
Wo ist der Aufschrei in den Religionen???
Wegen einer Papstpersiflagen geht man auf die Strasse ...
Wegen ein paar Karikaturen geht man auf die Strasse ...
Wegen sogenannten Entweihungen heiliger Stätten geht
man auf die Strasse ...
und ... und ... und ...

Gemischtes

21. Juli 2006

Die perfekte Demokratie ...

Zuerst muss das Wahlrecht abgeschafft werden, denn das
alles belastet nur den Bundeshaushalt und für die paar
Parteien im Bundestag, lohnen sich keine Wahlen, zuviel
Aufwand.
Also globalistisch gesehen, Kosten und Nutzen stehen in
einer Dissonanz.
Ach ja ... deutsch ... es geht mehr rein, als raus kommt.
Nun, was erreichen wir, welche Synergien können erzeugt
werden.
Zuerst einmal kann das ganze Bundestagspersonal einge-
spart werden, die Schreibarbeiten machen wir dann per
Mail und Internet in Indien.
Okay, okay ... deutsch ... im Osten der Bundesrepublik.
Dann können die ganzen Lobbyisten eingespart werden,
denke das wäre so um die 1,257.000 Millionen Menschen,
die sich ständig durch die Abgeordnetenbüros wühlen.
Nun ja ... deutsch ... ein paar könnten ja für 400   bleiben,
so die von der Pharmaindustrie, die sind ja ganz gut aus-
gebildet.
Anderen würde ich 1   Jobs geben, Besuchergruppen
durch Vorstandsetagen führen, oder wo treffe ich wen in
Berlin ... denke das der Wowereit ganz froh ist, wenn mehr
Touristen nach Berlin kommen.
So, nun müssen wir ja nach Aussen das Bild einer
funktionierenden Demokratie vermitteln, nicht das Goerge
plötzlich meint, wir wären ein Schurkenstaat.
Also ich denke auch George wird verstehen, das wir
Deutschen jetzt nach der WM es eigentlich verdient haben,
uns selbständig zu machen.
Und tüchtig und ordentlich wie wir nun mal sind, fangen wir
das Ganze von oben an.

Gemischtes

21. Juli 2006

Die Amerikaner haben ihre Demokratie, zwei Parteien
streiten um die Macht, oberflächlich ... aber lassen wir das.
Deutsch ... wir mischen uns nicht in die Angelegenheiten
abhängiger Staaten ein.
Die Briten haben eine Demokratie, der eine Queen vorge-
schaltet ist ... eigentlich hatte ich die Briten immer für
unterkühlt gehalten, aber wenn sie meinen, sie brauchen
vor dem Parlament noch eine Feuerversicherung, dann ist
das okay.
Die Italiener haben eine Mediendemokratie, dort läuft alles
über das Fernsehen ab, ist natürlich eine teure Geschichte,
aber dank Berlusconi, ist ja nun alles soweit in einer Hand.
Ich habe auch gehört, das man in Italien prüft ein
Operettenparlament einzuführen ... deutsch ...
nicht mit uns.
Nun ja ... kommen wir nun zu der deutschen perfekten
Demokratie.
Es wird eine Parteiendemokratie werden, nur und vor
allem nach der WM, fehlte bisher die sportliche Note. Das
wird nun anders.
Alle 5 Jahre findet die Parteienweltmeisterschaft statt.
Wer diese gewinnt, regiert 5 Jahre die Bundesrepublik
Deutschland.
Da wir Deutschen ja gründlich und ordnungsliebend sind,
konnte es natürlich nicht sein, das wir die Parteien in einen
direkten Wettbewerb körperlich gegeneinander schicken,
wir hätten uns ja unserer zukünftigen Regierung berauben
können, wegen verletzungsbedingten Ausfällen.
Sehe die grosse Schlagzeile, in der grossen Zeitung, in
so grossen Buchstaben förmlich vor mir ...
Merkel erlitt Kreuzbandriss beim Abwehren einer Kopfnuss
von Stoiber,
oder ... Schande ... Westerwelle spielt Zidane ...
Nein ... nicht mit uns, nicht in Deutschland.

Gemischtes

21. Juli 2006

Also die Parteienweltmeisterschaft wird sich auf der
geistigen, moralischen Ebene abspielen ...
Die Partei, welche die meisten Punkte in den Disziplinen
erreicht, wird Regierungspartei ...
mit offenem Autokorso und kostenlosen Hupkonzerten, d
urch die zwangsverpflichteten Jubler.

Nun zu den Disziplinen :
Erste Disziplin:
Wer ist der grösste Steuerverschwender.
Gewertet werden hier nur Projekte ab 100.000
Zweite Disziplin:
Wer hält die längste Rede über den Satz ...
Ich bin mir keiner Schuld bewusst ...
Hier wird durch die Kultusministerkonferenz der Länder
besonders auf die Inhaltsleere der Rede geachtet.
Dritte Disziplin:
Sesselkleben ... wer klebt am längsten an seinem Stuhl.
Besondere Achtung ist hier geboten, wegen verbotenen
Klebemitteln, wie Dollar, Euro oder Gold.
Vierte Disziplin:
Wie versorge ich mich so, das ich sorgenfrei versorgt bin.
Aufsicht führt hier das Bundesversorgungsamt für früh-
verentete Politiker.
Fünfte Disziplin:
Wie hyroglophiere ich einen Text so, das er Gesetz wird,
aber nicht verstanden werden kann.
Hier sind führende Ägyptologen, Sumerologen,
Hethiterologen, Stoiberologen, Eurologen und Fachleute
aus gleichartigen Gebieten in der Jury.

Gemischtes

21. Juli 2006

Moment mal ...
was ist das für ein Krach da draussen ...
gehe mal schauen ...
Moment bitte ...
Oh oh ...
Demo ...
Da ist der George,
die Queen
und der Berlusconi ...
und die skandieren ...
Michel, Michel komm heraus,
wir machen dir den Germanenaus ...
Deutsch ...
ich muss raus.

Gemischtes

22. Juli 2006

Der Mensch ...
und seine Kunst alles beliebig zu machen ...

Liebe ...

Tja, was ist in der heutigen Zeit noch Liebe?
Mal so ein paar ungeordnete Gedanken ...
Einerseits verlieren wir immer mehr Formen der Liebe,
die für uns Menschen und unserer Entwicklung zu dem
was wir heute sind, notwendig waren, wie Liebe zu den
Eltern, Liebe zu den Kindern, Liebe zu unseren
Mitmenschen. Das sind Formen der Liebe, die immer
seltener werden und die mir eigentlich aufzeigen, das der
Mensch mit all seinen Gefühlswelten irgendwie aus dem
Takt gekommen ist.
Dafür haben wir neue Formen der Liebe, die virtuelle
Liebe, die Liebe zum Materiellen, die Liebe zum Beruf und
so weiter. Irgendwie, habe ich das Gefühl, das wir
Menschen uns vom Gruppenwesen weg entwickeln und
uns damit auch unserer eigentlichen Bestimmung ent-
ziehen. Ich kenne nun seit über 10 Jahren das Internet in
seinen verschiedenen Variationen und es ist eigentlich
erschreckend, wie die Einsamkeit immer mehr um sich
greift, Formen und Rituale entwickelt, die sich selbst-
ständig machen und denen sich die Menschen unter-
werfen ... irgendwie eine Art von Fatalismus.
Ich möchte hier nicht gegen das Internet sprechen, oder
die Globalisierung an den Pranger stellen, sondern einfach
mir selber mal die Frage stellen, was passiert da mit uns?
Sind wir noch Herr dieser Technik, oder dominiert uns
etwas, was sagt, wenn du nicht lernen willst damit umzu-
gehen, dann bist du hintenan.

Gemischtes

22. Juli 2006

Also alte Werte und Traditionen
auf den Müll der Geschichte?
Ich habe in langen persönlichen Auseinandersetzungen
mit Vergangenheiten eins gelernt ...
Die Vergangenheit
ist der Augenblick,
aus dem du,
die Gegenwart schaffst.

Die Gegenwart,
ist der Augenblick,
den du,
aus Vergangenem lebst,
um an eine Zukunft zu denken.

Die Zukunft,
ist der Augenblick,
der aus der Gegenwart,
mit dem Wissen,
der Vergangenheit,
dein weiteres Leben bestimmt.

Gemischtes

23. Juli 2006

Der Mensch ...
und seine Kunst alles beliebig zu machen ...

Lust ...
Auf was hat man Lust?
Heute wird alles auf dem Markt angeboten, was man zur
sogenannten Lustförderung braucht, man stimuliert heute
die Lust.
Es ist natürlich einfach, sich und seine Lust zu definieren,
sie praktisch gegen aussen unanfechtbar zu machen,
indem man behauptet, das es eben individuell ist,
niemand daran Anstoss nimmt und alles freiwillig ist.
Okay ... Totschlagargument.
Ich stelle mal mir die Frage andersherum.
Oder nein ... ich stelle ein Zitat vorne weg.

Ein Maß von Unerreichbarkeit ist ein Teil gelebter Freiheit.
Ständige Erreichbarkeit entwickelt sich zur Knechtschaft.
Jürgen Schmidt

Nun übertrage ich das mal auf Lust. Ich habe Lust auf
etwas, mich giert es danach, mich piesackt die Lust auf
etwas ...
Jetzt lese ich das Zitat ... denke darüber nach ...
verstehe den Sinn und verstehe mich, meine Lust ist ein
Trieb ... dem ich nachgeben kann ... aber nicht muss ...
frei sein in der Entscheidung.
Je mehr sich politische und wirtschaftliche Freiheit ver-
ringert, desto mehr pflegt die sexuelle Freiheit sich
kompensatorisch auszuweiten.
Aus: Aldous Huxley: Schöne neue Welt
Ich denke, das wir da in diese Richtung driften ...
Muss mal mehr darüber nachdenken ...

Gemischtes

24. Juli 2006

Der Mensch ...
und seine Kunst alles beliebig zu machen ...

Leidenschaft ...
Hmmm ... was ist das?
Mit Leidenschaft bei der Sache sein, also mit allen Sinnen?
Wie kann man mit Leidenschaft einkaufen? Das habe ich
noch nie begriffen. Oder Leidenschaft für sein Auto ent-
wickeln ... Ich weiss nicht, ich glaube heutzutage wird alles
werbemässig benutzt und verliert den eigentlichen Sinn
und wir nehmen das irgendwann an.
Ich wasche leidenschaftlich ab ... kann man nicht sagen ...
Gerne? Irgendwie verstehe ich das alles nicht, vor allem
auch die Rechtschreibreformen, die wievielte war das?
Finde es ja gut, wenn zumindest die Schüler das dann ein-
heitlich lernen, aber muss ich deswegen, weil ich das nicht
mitmachen will in meinem Alter, als Dummkopf dastehen?
Da alles beliebig ist ... ist es auch die deutsche Sprache ...
habe nie den Sinn der Rechtschreibreform verstanden ...
für mich war das nur mal wieder ein Paradebeispiel für
Wichtigtuer in der Politik. Unnütz ... und hat einen Haufen
Geld gekostet, aber man kann sich brüsten ...
Nun zurück zur Leidenschaft, darüber kann ich mich
leidenschaftlich aufregen ... sprich ... mit Einsatz meines
ganzen Körpers. Leidenschaft in der Liebe ...
da passt das doch ... oder?
Hmmm ... ich mache leidenschaftlich Partnertausch ...
leidenschaftlich? ... bestimmt nicht, sondern gerne.
Na ... mir mal eine auf die Finger haue ... da kommen so
böse Gedanken hoch ... aber das Individualrecht ... ja ja ...
heisst noch lange nicht, das alles gut ist, nur weil es
individuell gesehen wird.
Okay ... mir schwimmt mein Gehirn in Schwitzwasser ...

Gemischtes

30. Juli 2006

Ich frage mich ernsthaft, was die ganze Aufregung soll,
das der diesjährige Tour de France Sieger gedopt war.
In jedem Sport, der Medienaufmerksamkeit hat und
Massen bewegen kann, steckt viel Geld und jeder möchte
seinen Anteil an diesem Geld haben, darum wird betrogen,
manipuliert, geschummelt, mit unfairen Mitteln agiert,
bestochen usw.
Wer ist denn so naiv zu glauben, das dies den
Organisationskomitees nicht bekannt ist?
Nur solange nichts raus kommt ist es ja okay und alles
ist Friede Freude Eierkuchen ...
Nehmen wir zum Beispiel die FIFA ... ein Verein ...
der Millionen umsetzt, Regenten und Untertanen schafft
und etwas Restgeld für die Fussballjugendarbeit in den
Dritte Welt Ländern hat ... und sich dafür noch feiern lässt
und alle feiern mit ...
Eigentlich müsste so ein Verein politische Ziele verfolgen.
Verbesserung der Gesundheit, Verringerung der Armut
und vieles mehr ... aber dann kommt dieser seltsame
Spruch ... Sport verbindet und darf nicht politisch sein ...
Der Sport ist in dem Moment schon politisch ... wo er be-
hauptet den Anspruch zu haben über alle Grenzen hinweg
Menschen zusammenzuführen.
Dies ist ein politisches Motiv und auch ein politischer Vor-
gang ... warum heuchelt man denn da so rum?
Die Fussball WM in Deutschland ist doch das beste Bei-
spiel für diese Heuchelei.
Fakt ist ... es war ein gigantischer Event ...
der die Massen angezogen hat ...
und der Masse alles gegeben hat,
was sie sich gewünscht haben ... also ein absoluter Erfolg.
Aber wer hat davon profitiert?
Mit Sicherheit nicht die Bevölkerung der Bundesrepublik
Deutschland, denn nach dem Rausch, kommt der Kater.

Gemischtes

30. Juli 2006

Nun ja ... möchte auf das oben geschriebene zurück
kommen, wenn der Sport meint, im Tempel des Konsums
seine Opfer bringen zu müssen, dann darf er sich nicht
wundern, wenn er irgendwann durch die Tempelpriester
vereinnahmt wird, denn die dulden nur begrenzt fremde
Götter neben sich.
Ehrlicher wäre daher, die grossen Sportorganisationen in
Aktiengesellschaften umzuwandeln und teilzunehmen an
der globalen Geldverteilungslotterie.
Da weiss ich als Normalbürger, das dort meine Steuer-
gelder nicht hingehen und kann frei entscheiden, ob ich
über Aktienkäufe irgendeinen Sport unterstützen möchte.
Ausserdem denke ich mir, das die Fernsehanstalten mal
darüber nachdenken sollten, für jede 60 Minuten Fern-
sehen schauen, einen Stundensatz an den Zuschauer zu
bezahlen, denn der muss ja leiden ...
Mit diesem Geld, würde ich dann Aktien kaufen ... na? ...
von welchem Sport?
Na? ...
Richtig ...
ich unterstütze neue unbekannte Sportarten ...
Ganzkörper - Nassrasieren auf der 50 m Bahn ...

Gemischtes

31. Juli 2006

An Elisabeth Volkmann ...

Abschied ...

Ein Abschied,

muss nicht für immer sein,

denn was bleibt,

wird unvergesslich sein.

In Herzen,

vielerorts,

wird das Lachen,

dein Geschenk,

an uns alle sein.

Gemischtes

2006

Mich haben so einige Blogbeiträge förmlich weggerissen,
mich zu Höchstgehirnleistungen veranlasst ...
ich bin dankbar ...
unendlich dankbar ...
in 24 Stunden den IQ verdoppelt ...
nun bin ich bei 48 ...

Eintrag-Details: Reitstellung
Heisst das nicht Reiterstellung? ...
Hmmm ... einem Experten widerspricht man nicht ...
erste Lektion.
So ... nun zur realen Ausführung ...
Ich also ab in die Stadt, geschaut und gewartet,
geschaut ... geschaut ...
die ... genau die...
Also hin und angesprochen ...
Kennen sie die Reitstellung? ... Watt? ...
Na, kennen sie die Reitstellung? ...
Schleich dich, du Lüstling, sonst knallt es.
Oha ... hat mein Experte versagt? ...
Ich mag es nicht zu glauben.
Also zweiter Versuch ... da kam sie ...
stöckelnd, wiegend,
die Hüften schwingend,
Fussbälle erbebend ...
der Boden unter meinen Füssen zitterte ...
der Asphalt kochte ...
ihr seid doof,
nicht wegen der Hitze ... tz tz ...

Geblödeltes

2006

Okay ...
allen Mut zusammengefasst ... hin ...
Kennen sie die Reitstellung? ...
Watt tu the Hell is Reit? ...
Do you speak German? ...
We are the champion of heart,
you verstehen?
Da musste sie lächeln ...
oh ein Weltmeister der Herzen, wie nett ...
also was war deine Frage?
Kennen sie die Reitstellung?
Sorry ... Bereitstellung?
Nein ... Reitstellung, sie oben und ich unten ...
und dann müssen sie das da in der Mitte bewegen ...
Piroette machen ...
Sie schaute etwas unverständig ... naja ...
der Experte war ja Deutscher ... oder? ...
Ich wollte die Beziehungen zu
Grossbritannien nicht unnötig belasten ...
sagte höflich danke
und machte mich davon ...
Ich weiss,
Feigling ...
bin ja auch kein Experte für Reitstellungen ...

Geblödeltes

2006

Teil zwei ... des Expertenkursus in Punkto ... ähm ...

Eintrag-Details: Kamasutra & Stellungen
Also jeder sollte wissen was er mag, ich also auch,
Vanilleeis, Nutella ...das mag ich ...
Oh ... jeder sollte wissen welche Stellung er mag
und welche am schnellsten für die Overtüre ist ...
vorne oder hinten?
Rechts oder Links? ...
nun gut ... noch zu früh für einen Anfänger wie mich ...
Ah ... die Sameriterstellung die ist perfekt ...
sie ist zart, Berührungen lässt sie zu
und vereint klappt alles.
Bevor man sowas macht ...
rät der Experte zu einem Anatomiekurs ...
damit man weiss wo welches Gliedmass ist
und wie es funktioniert ...
beziehungsweise, wie es genutzt werden kann.
Also Beispiel die Beine ...
man kann darauf stehen,
tut nur dem Drunterliegenden weh,
nicht dir selber.
Dann kann man Beine spreizen,
das führt zu einem schlechteren Schwerpunkt,
der liegend ausgeglichen werden muss.
Bei allem sollte man seine Phantasie spielen lassen ...
ich denke gerade daran,
wie ich als Kind den Spinnen das Bein ausgerissen habe ...
mea culpa ...gehe morgen ja in die Kirche.

Geblödeltes

2006

Hmmm ...
man muss starke Hände haben,
um alles zu halten, blöde Stellung ...
muss dauernd aufpassen
das wir nicht zusammenstürzen
und dann ist nichts mit dem dringend ...
oder ... was war das?
Auch von der Seite kann man bequem
und fein Körper berühren,
auch da beschäftigt man sich mit dem Bein,
damit sich beide gut fühlen
und man dringend aufhören will.
Ihr fällt das Bein auf den Kopf,
mir der Arm ab.
Bei Zärtlichkeiten spielen die Hände
und die Füsse eine grosse Rolle ... aha ...
daher die Zunahme bei den Kosmetikberufen …
verstehe ... die suchen Zärtlichkeit
und der zu Kosmetisierende oder die ... auch.
Also ... Fakt ist ... wenn man sich so hingibt ...
hat man ein schönes Erlebnis ...
man brauchte keinen Kran ...
hat Geld gespart ...
und hat das Kamadingsda verstanden.
Irgendwie bin ich schon stolz auf mich ...
allein das Buch hochzunehmen
war schon ein schwieriger Akt ...

Geblödeltes

2006

Teil drei ... des Expertenkursus ... Thema siehe unten

Eintrag-Details: Vorspiel & Verführung
Also bevor alles beginnt, sollten man sich heiss machen,
am besten geeignet sind Herdplatten,
die benutzt man frei.
(Kinder unter 16 Jahren dürfen hier nicht lesen).
Dabei sollte der Partner zärtlich
und bestimmt durch Berührungen
den Aufenthalt auf der Herdplatte so angenehm
wie möglich gestalten.
Das Gleiche wird vom anderen Partner erwartet,
sollte es in Arbeit ausarten,
die gelben Seiten haben den nächsten Therapeuten parat.
Um das Heisswerden zu verlängern,
kann man schöne Worte sagen, so wie,
dir ist kalt, oder du bist in der Antarktis.
Vorsichtig sollte man mit den heissen Berührungen sein,
die könnten zu heiss sein
und dann den gegenteiligen Effekt hervorrufen.
Der Experte empfiehlt an dieser Stelle auch
das Zungenspiel, ich weiss nicht ...
eine natürliche Scheu hält mich da zurück ...
Aha ...
also der Hals ist so eine Zone,
die man als Speergebiet bezeichnen kann,
genauso wie Bauch und obere Wölbungen.
Also Vorsicht ...
Hmmm ...
beim Hals soll man ganz unten beginnen, Zehen?
Dann fein nach oben?
Hab ich eine Justierschraube im Hirn? ...
muss mal suchen.

Geblödeltes

2006

Oha ...
man kann auch Kostbarkeiten benutzen
wie Schlagsahne und anderes,
Kostbarkeiten, muss ich dann Goldringe verteilen?
Ach so ... das kommt auf den Partner an.
Also dann macht man mit der Zunge weiter,
schmeckt ja auch besser,
die Schlagsahne, wenn sie im Mund ist.
Schon wieder rasieren ...
gibt es eigentlich kein anders Thema hier?
Ich kann das schon gar nicht mehr hören, lesen, sehen ...
Okay, okay ... Herr Experte ... Strich oder Dreieck.
Dabei kann man dann die Phantasie spielen lassen,
ist der Strich ein Dreieck, oder umgekehrt,
oder nichts von beiden, oder alles?
Bei allem was man da tut, muss man auch positiv denken,
sonst klappt das alles nicht und man bleibt unbefriedigt.
Man achte auch auf die Sprache, die bei dieser Art von
Zusammensein gesprochen wird, durch die Nuancierung
gewisser Töne, kann man feststellen, ob Berg oder Tal.
Hmmm ...
an bestimmten Körperstellen kann man erkennen,
ob man gut ist oder nicht ...
Neeee ... Herr Experte ... ich bin ja dankbar,
in diese Welt mal rein geschnuppert zu haben,
aber das ist mir effektiv zuviel Arbeit ...
und vor allem, mit unsicherem Ergebnis.
Ausserdem habe ich nur zwei Augen,
zwei Hände und zwei Beine ...
und was in ihrem Kurs verlangt wird,
dafür müsste ich Tausendfüssler sein ...
Danke aber trotzdem an den Autor ...

Geblödeltes

2006

Abhörprotokoll der Kabinettssitzung vom 28.07.08
Uhrzeit 10.00 bis 12.00 Uhr
Ort : Kanzlerinnenamt Berlin

Murmel ... murmel ... raüsper ... hust ...
Ruhe ... die Angie kommt ...
Guten Tag meine Damen und Herren ...
Heutiger Anlass der Kabinettssitzung ist unsere
katastrophale Finanzlage.
Zweiter Punkt ist die schlechte Aussenwirkung.
So ... die Sitzung ist eröffnet ...
Ja? Herr Müntefering?
Also ...
bei uns im Sauerland geht man das alles mit Ruhe an,
liebe Leute, wie Kohl müssen wir das machen ...
sitzen, sitzen, sitzen ... irgendwann haben die Leute keine
Lust mehr zu demonstrieren ...
das wollte ich mal so vorweg setzen ...
Ähm ... ist das eine Problemsitzung? ... Ähm. Pssst ...
Herr Steinbrück ... wie sieht die Finanzlage aus?
Also meine Damen und Herren, einen Erfolg kann ich ver-
melden, wir haben das Finanzloch gefunden und mir ist
Angst und Bange geworden, ich habe dann unsere
Kanzlerin gefragt, ob sie nicht ihre aussenpolitische Er-
fahrung einsetzen kann und mal beim Vatikan nachfragen
kann, ob uns ein Exorzist zur Seite gestellt werden kann,
denn das Finanzloch ist teuflisch, sehr teuflisch.
Ansonsten muss ich ihnen wieder Fehlbeträge melden,
die Einnahmen durch die Tabaksteuer
gehen rapide zurück ...
Ähm ... Scheiss EG ... die mit ihrem Gesundheitswahn,
ich wusste schon warum ich dagegen war ... ähm ... I
st eine Problem EG ... ähm ...Klatsch ... auaaaaaaaah ...

Geblödeltes

2006

Okay, also weiter, wir müssen uns was wegen dem
Ausfall bei der Tabaksteuer einfallen lassen.
Ich habe eine Werbeagentur beauftragt,
die eine Kampagne entwickelt,
sodass die Leute wieder mehr rauchen.
Diese Kampagne wird von einem Verein gezahlt,
den wir heimlich gegründet haben,
damit man nicht die Regierung dahinter vermutet.
So die ersten Entwürfe fand ich ganz gut ...
hier Frau Merkel, das erste Plakat ...
Rauchen schädigt nicht den Bundeshaushalt ...
darum mehr ...
Witzig nicht?
Gibt es hier Vorschläge für eine Alternative ...
Grmmmph ... röchelt ... ähm ...
ich will auch mal Probleme lösen ... ähm.
Ja? Ulla?
Wir können doch dat Tee höher versteuern,
sieht aus wie Tabak, wenn er geschnitten ist,
das fällt doch keenem auf.
Hmmm ...
setzen wir auf der Prüfagenda, Frau Schmidt ...danke.
Wo ist eigentlich der Beck???
Na in der Pfalz, Frau Merkel ...
der macht doch Diät.
Ach ... stimmt ja,
belastet wieder mal unser Gesundheitssystem,
der Gute.
Stimmengewirr ... lachen ... lachen ...

Geblödeltes

2006

Ich bitte sie meine Damen und Herren,
ich habe das Buffet noch nicht freigegeben ...
also bitte ...
Angela, Angela ... ähm ...
auf dem Buffet ist ja keine Weisswurst ...
das ist aber ein Problem ...ähm.
Ruhe ...
Ähm ...
Ruhe ...
Also zurück zum Thema ...
Steuerausfälle ...
Ideen?
Steinbrück?
Ja, ich denke wir sollten eine Ozonsteuer erheben,
denn es kann ja nicht angehen,
das wir das penibel prüfen,
warnen usw.
und niemand kommt dafür auf ...
habe in meinem Haus schon
eine Expertengruppe eingesetzt.
Getuschel ...
Stimmengewirr ...
Frau Merkel es ist 12.00 Uhr ...
Gut meine Damen und Herren,
die Sitzung ist geschlossen,
Punkt zwei machen wir dann Morgen ...
Das Buffet ist eröffnet ...
Edmund????????

Geblödeltes

2006

Mir
ist so warm,
frühlingshafte
Gedanken
schleichen
in mein Hirn.
Mit
leichtem Hauch,
verführt mich
der Wind
zu
einem Seufzen.

Irgendwie bin ich heute ausgebrannt,
es ist halt manchmal schwer,
sich selber aus
seinen Stimmungen herauszuholen.

Drohend schwarz,
dunkel und dich erschlagend,
siehst du die Gedankenberge.
Du willst weg,
doch schmerzende Schatten,
greifen kalt nach der Seele.
Sich umdrehen,
kein Schritt geht vorwärts,
erstarrte Lähmung im Eis.

Gedichtetes

2006

Digitale Ströme
Bites und Bytes
Null und Eins
Sätze
auf gelben Hintergrund
enden in Belanglosigkeit
Menschen
sind sich pseudonah
Hallo und Hi
Wb und Cu
Welcome Back,
ich war mal weg
Wie geht's
wo kommst du her
die Sätze
sind eigentlich nicht schwer

Es ist eine Zeit
genannt die Dunkelheit.
Schmetterlinge wollten fliegen.
Sie dachten sie könnten siegen,
doch irgendwie wurde es Nacht.
Sie wurden um den Schlaf gebracht ...

Es ist eine Zeit
die fragte nach Düsternheit.
Sterne wollten am Himmel strahlen.
Sie machten sich keine Sorgen,
doch irgendwo explodierte das All.
Sie starben glühend im Donnerhall ...

Gedichtetes

2006

Darf Schmerz
nicht Glauben zertrümmern ...
und darf Zweifel
nicht Vertrauen erschüttern ...
Darf Wärme
nicht zum Eise gefrieren ...
und darf Geborgenheit
nicht einsam werden ...
Darf Liebe
nicht zur Jammerei verenden …

Die Sekunde,
die vergeht,
ist deine Vergangenheit.
Die Sekunde,
die du erlebst,
ist deine Gegenwart.
Die Sekunde,
die du denkst,
ist deine Zukunft.

Gedichtetes

2006

Es war in einer Zeit,
die nannte man das Chaos.
Sterne explodierten,
gleissender Regen fiel.
Der Mond suchte seinen Weg zur Sonne,
der Mars wütete hinter Venus her.
Es war in einer Zeit,
die nannte man das Chaos.
Planeten entstanden,
stabilisiert im Sonnensystem.
Die Erde suchte ihre sichere Bahn,
der Mond schlich ihr hinterher.

Gedichtetes

2006

Kapital

Kapital, du bist die Macht,
hast den Menschen kaputt gemacht.
Kapital,
was macht dich so schön,
das die Menschen wegen dir stöhnen.
Kapital,
bist du der neue Gott,
weil so viele Menschen gehen wegen dir bankrott.
Kapital,
du hast ein hässliches Gesicht,
Blut und Tränen rühren dich nicht.
Kapital,
wielange noch geht es gut,
im Volke brennt eine Feuersglut.
Kapital,
zeig ein anderes Gesicht,
bevor die Bevölkerung dich zerbricht.
Kapital,
kehre um, du kannst viel Gutes tun,
denn es ist der Mensch,
der dich hebt auf Gottes Thron.

Gedichtetes

2006

Wehrt Euch !

Eine Gesellschaft aus Verbrechern
vernichten die Demokratie
Wehrlose Arbeiterklasse
duckt vor Arbeitsplatzgarantie
Selbstbedienungen von Politikern
gehen in die Gigantonomie
Unternehmer zocken den Staat ab
der kleine Michel zahlt Steuern wie nie
Die Resignation macht sich breit
ebnet den Weg für radikale Ideologie
Bürger wann wachst du auf
und wehrst dich gegen diese Lethargie
Arbeiter wann stehst du auf
und stellst dich gegen
Gewerkschaftsphilosophie
Wähler wann forderst du mehr Rechte ein
und machst dein Kreuz
gegen Parteienfilzokratie
Wir sind das Volk und haben die Macht
und stoppen
Machthunger und Waffendiplomatie

Gedichtetes

2006

Vier Wochen,
Schwarz Rot Gold,
übertüncht,
das deutsche Land.

Vergessen in,
Schwarz Rot Gold,
Parteigezänk,
das uns ausplündert.

Verdrängt durch,
Schwarz Rot Gold,
Korruption,
die uns ausblutet.

Lächelnd,
Schwarz Rot Gold,
Politiker und Funktionäre,
die dem Land die Stärke stehlen.

Stillosigkeit in,
Schwarz Rot Gold,
springt die Politik,
auf den Zug der Euphorie.

In vier Wochen,
Schwarz Rot Gold,
übertüncht,
bleierne Stille unser Land.

Gedichtetes

2006

Nur etwas Kurzes
zum Nah Ost Konflikt

Ertrunken
in den Tränen der Kinder
versunken
im Schmerz der Eltern
sucht der Krieg
nach seinem Sinn

2006

Der Tanz um das goldene Kalb ...

In den Tempeln
lodern die Feuer
Priester reiben sich
erregt die Hände
Das Volk
strömt ohne Unterlass
um zu huldigen
dem guten Zweck
Am goldenen Altar
der Werbung
opfert das Volk
gern den Verstand

In den Etagen
der Konzerne
rattern
geschäftig
die Computer
Kurse rauf
Kurse runter
Milliarden hin
Milliarden her
Menschen
Menschen
gibt es hier
bald nicht mehr

Gedichtetes

01. August 2006

Kinder ...

In die Welt gesetzt, haben sie keine Chance ...
nein zu sagen ...
Habe vorgestern einen Bericht über den Kongo gesehen.
Ich begreife es nicht, da werden Kinder zu Soldaten ge-
macht von sogenannten Freiheitskämpfern, dazu müssen
sie ihre Familienmitglieder erschiessen, damit sie keinen
Halt mehr haben ... diese Kinder waren 9 Jahre alt ...
Ich werde in Zukunft sehr genau prüfen, wo und wen ich
unterstützen werde ... vor allem auf drei Parameter ...
Kinder, Frauen und alte Menschen ...
Es ist keine Zeit für irgendwelche ideologischen Feldzüge,
der sogenannte Sozialismus hat den Menschen nicht ge-
holfen, der Kommunismus auch nicht und der Kapitalis-
mus zeigt uns auch immer mehr seine
unmenschliche Seite ...
Es ist die Frage erlaubt ... wann kommt die nächste
Revolution ... wann ist die Zeit gekommen, das wir
Menschen uns freimachen von sogenannten Heilslehren,
die dogmatisch erduldet werden.
Ich finde Demokratie gut ... wenn sie denn leben kann ...
denn Demokratie heisst für mich Wandel, heisst lebendig,
heisst auf die Bedürfnisse der Menschen reagierend ...
und vor allem heisst Demokratie ... dienen.
Also sehe ich auch da irgendwie noch eine Zukunft ...

Gemischtes

01. August 2006

Muss mir auch mal irgendwie Luft zum Nah - Ost Konflikt
machen ... werde jetzt etwas ziemlich brutal sagen ...
für alle, die nun in irgendeine Polemik pro oder kontra
Israel oder Hisbollah verfallen.
Jeder Tote ist zuviel ... das sei vorneweg gesagt ...
aber ... im Sudan werden Tag für Tag mehr Menschen
umgebracht ... wo sind hier diejenigen, die da etwas zu
sagen haben ...
Wo sind die Blogs? ...
Wo sind die Kommentare?
36 Einträge
die mehr oder minder mit dem Sudan zu tun haben.
447 Einträge die mehr oder minder mit Israel und dem
Nah - Ost Konflikt zu tun haben.
Da kann man sich schon eine Meinung bilden.
Ich denke es geht um ganz was anderes, es geht darum
zu fragen, was haben wir die letzten 4.000 Jahre als
Menschen gelernt ...
und ist unsere jetzige moderne Zeit,
wirklich die fortschrittlichste im Bezug
auf Werte und Moral?
Fragen über Fragen …

Gemischtes

04. August 2006

Pofalla: Kinder sollen für arbeitslose Eltern zahlen

Berlin (dpa) - Gut verdienende, erwachsene Kinder sollen nach Vorstellungen der CDU künftig ihre arbeitslosen Eltern finanziell unterstützen. Bei der für Herbst geplanten Revision der Hartz-IV-Gesetze müsse auch über diese Form der Verantwortungsgemeinschaften geredet werden. Das sagte CDU-Generalsekretär Ronald Pofalla dem Rundfunksender RBB. Der Grünen-Vorsitzende Reinhard Bütikofer nannte den Vorschlag «unsinnig und unsozial». Pofalla zufolge will die CDU im kommenden Jahr den Beitrag zur Arbeitslosenversicherung um bis zu 2,5 Prozentpunkte senken. Nach den bisherigen Beschlüssen der großen Koalition sinkt der Beitrag am 1. Januar 2007 von 6,5 auf 4,5 Prozent. Falls die Einsparungen bei der Bundesagentur für Arbeit höher ausfallen sollten als prognostiziert, habe man Spielraum, «die Lohnnebenkosten beim Arbeitslosenbeitrag über die vereinbarten 2,0 Prozentpunkte hinaus um zusätzlich 0,25 oder mit viel Glück auch 0,5 Prozentpunkte zu senken», sagte Pofalla. Sozialdemokraten und Opposition wiesen den CDU-Vorschlag zurück. «Wir werden keinen Systemwechsel durchführen», sagte SPD-Fraktionsvize Ludwig Stiegler der in München erscheinenden «tz» (Samstag). Das Hartz-IV-Modell sei bewusst anders als die Sozialhilfe als Grundsicherung ohne Verwandtenhaftung eingerichtet worden. Grünen-Chefin Claudia Roth sprach von einem abenteuerlichen Vorschlag, der schnellstens ins Sommerloch versenkt gehöre. Die FDP bezeichnete den Vorstoß Pofallas als «schäbig».

Gemischtes

04. August 2006

Hingegen stießen die Pläne zur Senkung der Beiträge für
die Arbeitslosenversicherung bei der FDP auf Gefallen.
«Für mehr Arbeitsplätze wäre es ein wichtiger Impuls, jetzt
den Spielraum bei der Arbeitslosenversicherung zu nutzen
(...) - und sei es nur für einen begrenzten Zeitraum»,
sagte FDP-Generalsekretär Dirk Niebel der «Netzeitung».
Nach Angaben des Deutschen Landkreistages wollen die
meisten Kommunen Langzeitarbeitslose in Zukunft selbst
betreuen und sich diese Aufgabe nicht mehr mit den
Arbeitsagenturen teilen.
Das gehe aus einer repräsentativen Umfrage hervor.
Dagegen teilte der Deutsche Städtetag mit, die Mehrheit
der Städte lehne diese Regelung ab.
Der Landkreistag-Umfrage zufolge wollen alle 69
Kommunen, die dies heute schon tun, Langzeitarbeitslose
weiter in Eigenregie betreuen. 354 Kommunen sind einge-
bunden in Arbeitsgemeinschaften mit den Arbeitsagenturen.
Nach Angaben des Städtetages entschieden sich nur
sechs Städte für die Option Eigenbetreuung.
Alle anderen lehnten
«nach wie vor eine Kommunalisierung der Langzeitarbeits-
losigkeit ab», sagte Städtetags-Hauptgeschäftsführer
Stephan Articus. «Der Bund darf ihrer Meinung nach nicht
aus der Verantwortung für die Bekämpfung der Langzeit-
arbeitslosigkeit entlassen werden.»

Gemischtes

04. August 2006

Hmmm ...
Ich weiss nicht was da abgeht, aber es ist einfach nur
noch unwürdig ...
Okay ...Ich denke man sollte mal anfangen, den Parteien
die Flügel zu stutzen, denn so langsam macht sich da ein
Grössenwahn bemerkbar, der weit weg ist vom realen
Leben ... Ich denke als erstes wäre mal zu prüfen, inwie-
weit ein Bundestagsabgeordneter Nebenjobs haben darf
und wo diese mit seinem Auftrag, den er durch das
Mandat vom Volk hat, kollidiert. Jeder Arbeitsvertrag hat
die Klausel mit dem Nebenjob, den ich meinem Arbeit-
geber melden muss und der solange toleriert wird, wie
meine hauptsächliche Arbeit nicht leidet.
Ich glaube das man beim Bundesverfassungsgericht mal
gegen die Parteien klagen muss, da sie verhindern, das
ich als Wähler vorab entscheiden kann, ob mir der
Nebenjob des zu Wählenden gefällt oder ich ihn im
Widerspruch zu seinen Aufgaben für das Volk sehe.
Das heisst konkret, es werden nur noch Personen
gewählt, diese haben anzugeben, welche Nebenjobs sie
haben und dies muss im Wahlzettel vermerkt sein.
Nur so kann ich erkennen, ob der Kandidat ein für mich
Geeigneter ist.
Die Bestimmung von Personen durch die Parteien
widerspricht der Demokratie und dem Grundgesetz.
Als zweites bin ich der Meinung, das die Parteien für ihre
Leute selber aufkommen sollen, scheitert eine Person
einer Partei und hat vorher seinen Arbeitsplatz verlassen,
so hat die Partei als Organisation, aus Eigenmitteln
diese Person abzusichern, oder gibt ihm eine Arbeitsstelle
innerhalb der Parteiorganisation.
Steuermittel an die Parteien gehören ganz abgeschafft.
Muss mal weiter darüber nachdenken ...

Gemischtes

06. August 2006

Reform ...

01. Abschaffung der Parteienfinanzierung durch Steuer-
gelder
02. Mandat für einen Abgeordneten nur durch den Wähler,
Parteien müssen ihre Kanditaten in offenen freien Wahlen
ermitteln
03. Abgeordnete haben nur ihr Mandat zu erfüllen, keine
Nebentätigkeit, das gilt auch für die Ämter in Parteien,
Organisationen, Gewerkschaften, Kirchen, Wirtschaft.
Dafür erhält der Abgeordnete ein seiner Aufgabe ent-
sprechendes Gehalt vom Steuerzahler, das ihn komplett
finanziell unabhängig macht.
04. Einführung von Volksentscheiden
05. Abschaffung von Gesetzen durch unabhängige
Kommission
06. Vorteilsnahme, Korruption werden Straftatbestand,
generell mit Gefängnisstrafe und Verlust aller Privilegien
für die der Steuerzahler aufkommt.
07. Haftung für Fehlentscheidung
08. Staatshoheit über die Bereiche Verkehr, Energie,
Medien, Versorgung, Wohnraum
09. Bildung einer Staatsbank, die innovative Techniken
fördert und die Patente von Erfindern schützt, die
finanziell nicht dazu in der Lage sind. Bereitstellung der
Mittel, bis hin zur Marktreife des Produktes. Danach Rück-
zahlung der Kredite an den Staat.
10. Abschaffung von Subventionen auf breiter Basis.

Gemischtes

07. August 2006

Volkswirtschaftliche Schäden Teil I

Ein Glück, dass wir das SZ-Magazin haben!
Das hat nämlich die Kosten aller volkswirtschaftlicher
Schäden zusammen addiert, die diesem armen Land
suma summarum aufgebürdet werden.
Nach Berechnungen von Experten, selbstverständlich!
Lust auf lange Listen?
Hier ist sie: Die ultimative Addition aller mutmasslichen
Kosten, die uns Experten allein in den Kerndefizit-Problem
Bereichen dieser Republik jeden Tag um die Ohren
semmeln.
Also schön lange lesen, was wieviel prekär-pekuniären
Problemdruck in diesemunserem Lande verursacht -
und wer das behauptet.
Nachgerechnet hat das: SZ-Magazin v. 11.02.2005

Stau (verursacht z.B. Lieferverzögerungen)
100 Milliarden Gutachten von BMW

Versiegelung des Bodens
35 Milliarden Harald Burmeier, Vorsitzender des
Ingenieurtechnischen Verbands Altlasten

Temperaturerhöhung um 1 Grad Celsius
137 Milliarden Schätzung des Deutschen Instituts für
Wirtschaftsforschung

Falschgeld
10 Milliarden Bundeskriminalamt

Gemischtes

07. August 2006

Arbeitszeitverlust wegen nicht funktionierender Computer
und Software
10 Milliarden Bruno Zwingmann, Geschäftsführer der
Bundesarbeitsgemeinschaft für Sicherheit und Gesundheit
bei der Arbeit

15000 unbesetzte Ingenieursstellen (verursachen Lohn-
und Steuerausfälle)
2,5 Milliarden Studie des Marktforschungsinstituts Prognos

Nicht eindeutige Vertragstexte (verursachen z.B.
Gerichtskosten)
45 Milliarden Irmgard Grünberg-Ostner,
Wirtschaftsmediatorin

Markenklau und Plagiate
29 Milliarden Schätzung der »Aktion Plagiarius e.V.«

Überschwemmungen, Stürme, Gewitter
80 Milliarden Gerhard Berz, Münchener Rück Versicher-
ung

Rücknahme der Rechtschreibreform
250 Millionen Kurt Beck,
Ministerpräsident von Rheinland-Pfalz

Also wenn ich das so sehe, frage ich mich wirklich, woher
die Mär kommt, das unser kapitalistisches System das
Richtige ist, denn allein bei der Rechtschreibreform stände
ja jedem Bundesbürger über 2 Millionen Euro zu.
Wir wären ein Land mit 80 Millionen Millionären ... hmmm.

Gemischtes

07. August 2006

Korruption
5,8 Milliarden Uwe Dolata, Wirtschaftskriminalist

Insolvenzen
50 Milliarden Helmut Rödl, Hauptgeschäftsführer
Creditreform

Folgen von Über-, Unter- und Fehl- Versicherungen
5 Milliarden Edda Müller, Verbraucherzentrale Bundes-
verband

Graffiti
250 Millionen Rüdiger Dorn, Präsident von Haus + Grund
Deutschland

Zigarettenpausen während der Arbeitszeit
1,5 Milliarden Arbeitsmarktexperten

Folgen des Alkoholkonsums
45 Milliarden Dr. Johannes Lindenmeyer, Direktor der
Salus-Klinik in Lindow, Brandenburg

Rückenbeschwerden
25 Milliarden Chefarzt Bernhard Arnold,
Amperklinik Dachau

Frühverrentung durch Multiple Sklerose
1,2 Milliarden Studie der Deutschen Multiple Sklerose
Gesellschaft

Gemischtes

07. August 2006

Depressionen (Behandlungskosten)
17 Milliarden Schätzungen von Gesundheitsexperten

Stress, Sorgen, Frust im Job (inkl. Mobbing)
(verursachen Verringerung der Arbeitsleistung)
100 Milliarden Winfried Panse und Wolfgang Stegmann,
Wissenschaftler

Schwarzarbeit
370 Milliarden Friedrich Schneider,
Wirtschaftswissenschaftler

Gemischtes

2006

Was für Gedanken hat man an einem Sonntagmorgen?
Kompetentes Interdependenzmanagement ...
Okay ... schwieriges Gedankengut, aber wichtig.
Was ist das nun, was mich da beschäftigt.
Kompetent bin ich ja, sonst wäre ich ja nicht hier, sondern
in Hollywood.
Management kenne ich vom Kühlschrank her, Nahrungs-
mittelbeschaffungs- und Erhaltungsmanagement.Nur die
Interdependenz macht mir Sorgen. Interdependenz liegt
dann vor, wenn Interaktionen wechselseitig Kosten verur-
sachen können. Wie löse ich das Problem?
Ich kann sicherlich kompetenter Einkaufen, somit würde
mein Management besser und ich hätte eine vernünftige
Interaktion die die wechselseitigen Kosten ins Gleichge-
wicht bringen würden.
Beispiel :
Lese gerade ein Life-Style Magazin, so ein In - Magazin,
das wir alle brauchen, um zu verstehen, das wir nicht sind,
was die da drin sind. Dort ist ein Rezept für Sandkuchen
von so einem7 Sterne Heilskoch …
Trüffel - Möhren - Sandkuchen ...
Man nehme ... ähm ... manage kompetent den Zugang der
Zutaten damit die Interdependenz im Gleichgewicht bleibt.
Also Trüffel ... teuer, teuer ...
Hmmm ... also Management ... ich backe den Kuchen am
17. September 2010 ... lege also einen festen Termin an.
Somit habe ich Zeit gewonnen, mir ein Trüffelschwein
gross zuziehen, damit ich die teuerste Zutat für den
Kuchen billiger bekomme ... natürlich ist es eine gefühlte
Ersparnis … Die Möhren? ... da kann ich mich Anfang
2010 drum kümmern. Nunja ... der Sand ... ist ja im
Sandkasten. So ... fertig mit meinem kompetenten Inter-
dependenzmanagement.

Geblödeltes

2006

Betrifft : Terrorbekämpfung

Also ... ich denke, man sollte jetzt zum grossen Schlag
ausholen, also alles auf Einmal bekämpfen ...
Fangen wir bei der Terrorbekämpfung an :
Informationen sollten auf jeden Fall gesammelt werden
von den Personen, die vom Namen her verdächtig klingen
können.
Also alles ausser Meyer, Müller und Schmidt.
Um diese Namensdatei nicht ins Unermessliche wachsen
zu lassen, sollte man den Bürgern und Bügerinnen mit
anderen Namen, die Möglichkeit geben, ihre Namens-
herrkunft dem Amt zu melden, das gibt bestimmt Auftrieb
für die Softwareindustrie im Bereich Stammbaumforschung
oder Ahnenforschung.
Desweiteren sollten alle religiösen Einrichtungen eine
Meldebestätigung ausfüllen, wenn jemand diese Einricht-
ung besucht, dafür ist es notwendig, das sich die Besucher
und Besucherinnen anhand eines Ausweisdokumentes
legimitieren.
So als statistisches Abfallprodukt fallen dann Daten an,
wieviele evangelische Christen besuchen heimlich den
katholischen Gottesdienst und umgekehrt.
Als dritte Massnahme sollte man ein Urlaubsstop für die
Bevölkerung verfügen, in solche Länder, wo man eventuell
manipuliert werden könnte.
Also erstmal alle Länder in denen es die Bildzeitung gibt.
Dann die Länder, die dem Namen nach nicht deutsch
klingen, wie USA oder Austria und France.
Vierte Massnahme, alle Telefongespräche, auch übers
Handy, müssen angemeldet werden, werden dann ver-
mittelt und mitgehört, das hat ja auch im Osten geklappt.

Geblödeltes

2006

Fünfte Massnahme, bei Reisen darf nur noch das Ausweis-
dokument und die Reisebestätigung mitgeführt werden.
Alles andere kann am Zielort gekauft werden.
Positiver Nebeneffekt, die Flugzeuge werden leichter,
weniger Spritverbrauch, schnellere Abfertigung, Wegfall
des langen Wartens an dem Kofferband.
Bei der Bahn sind die Mittelgange frei, die Gepäckablagen
über den Passagieren ebenso, damit entfallen die Kopfver-
letzungen bei Bremsungen oder herabwuchten des
Gepäckstückes aus der Gepäckablage.
Also weniger Verletzungen an der Wirbelsäule, was
wiederum dem Gesundheitssystem zu Gute kommt.
Sechste Massnahme, jegliche Bedienungsanleitung in
Deutschland, darf nur noch in deutscher Schrift ausge-
händigt werden. Somit wird vermieden, das eventuell ge-
heime Anweisungen über Elektroartikel ins Land kommen.
Schliesslich kann nicht jeder eine Fremdsprache.
Positiver Effekt, wir könnten die Goethe - Institute ein-
sparen, da die exportierenden Länder sich ja vorab mit der
deutschen Sprache auseinandersetzen müssen, um die
Gebrauchsanleitung in Deutsch einzuführen.
Der Zoll hat zu überwachen, ob die Anleitungen auch der
deutschen Rechtschreibreform genügen.
Siebte Massnahme, Abschaffung jeglicher Flüssigkeiten.
Hierbei ist darauf zu achten, das man dieses Gebiet nicht
kampflos der NASA überlässt, die beim Schrumpfen von
Nahrungsmitteln erhebliches Know How hat. Also sollte
man die ESA stärken für jede Flüssigkeit, die heute auf
dem deutschen Markt ist, ein Pendant zu finden. Beim
Kauf dieser eingedampften neuen festen Flüssigkeiten, ist
der Name, die Adresse mit dem Einwohnermeldeamt ab-
zugleichen.

Geblödeltes

2006

Achte Massnahme, aus dem Duden und allen deutschen
Wörterbüchern werden folgende Worte ersatzlos ge-
strichen: Bombe, Terror, Gewalt, Gefährdung, Revolution,
Armut, Religion, Kirche, Moschee, Synagoge, Tempel,
Bank, Geld, Korruption, Entwicklungshilfe, Transfer usw.
Eigentlich sollten alle Worte da raus, die nicht nach
Deutsch klingen, wie Love, Peace, Understatement, Enter-
tainer, RTL, Vox, DSL, Beatles, Mc Donalds, Bref, Meeting,
Cash, Wonderbra, Superman, Jet, Germanwings, Airport,
Carport, Dax, Event, Maut usw.
Jegliche Werbung hat in Zukunft in einwandfreiem Deutsch
zu erfolgen, damit jeder Bürger und auch jede Bürgerin
erkennen kann, diese Werbung ist sauber und hat keinen
anderweitigen Hintergrund.
Neunte Massnahme, das Regierungsviertel in Berlin wird
zur Hochsicherheitszone umgebaut. Es darf nicht mehr
möglich sein, das dort jemand rein, geschweige denn,
wieder raus kann.
Zehnte Massnahme, die Arbeit in der Bundesrepublik wird
komplett eingestellt, die Menschen haben sich an ihren
Wohnorten aufzuhalten, denn dann braucht man nur noch
die Menschen kontrollieren, die es nicht zu Hause aus-
halten, die wären dann sowieso suspekt.
Unternehmer können dann grundsätzlich im Ausland
fertigen, dann belasten wir die Sicherheit hier in der
Bundesrepublik nicht so.
Elfte Massnahme, das Staatsgebiet der Bundesrepublik
wird zur FKK - Zone erklärt, somit wird vermieden, das
egal wer es auch ist, irgendwelche Dinge unter seiner Be-
kleidung verstecken kann.

Geblödeltes

2006

Zwölfte Massnahme, Problemmenschen, Problemtiere,
Problemausländer, Problemlehrer, Problemgewerkschaften,
Problemfirmen, Probleme, werden nach Bayern geschickt,
denn dort ist man mit Problemanhängseln weiter fortge-
schritten, als der Rest der Republik.
Dreizehnte Massnahme, jedes Bundesland bekommt einen
Sicherheitsminister, diesem werden 20 Sicherheitsstaats-
sekretäre unterstellt, ein Sicherheitssprecher eingeführt
und unter Federführung der Bundesagentur für Sicherheit,
werden dort Sicherheitsagenturen in jeder Stadt installiert.
Das Personal dieser Sicherheitsagenturen muss ein
spezielles Sicherheitraining absolvieren.
In Mietshäusern werden Sicherheitshausmeister benannt.
Bei Eigentum, wird für jede Strasse ein Sicherheitseigen-
tümer festgelegt.
So … hoffe die Dreizehn ist kein schlechtes Omen …
Oder … War die deutsche Einheit ein Fehler?
Natürlich nur unter dem Sicherheitsaspekt zu sehen …

Geblödeltes

2006

Mittwoch ...
Mitten ins Herz, traf es mich?
Laut Bild traf es nicht,
denn nicht am Mittwoch,
soll es treffen.
Mittwoch ist mitten drin,
kein Hoch,
kein Tief,
ist einfach Mitte.
In der Mitte trifft kein Herz,
es trifft der Schlag
und auch das ist nicht die Mitte.
Mitten Woche,
Mittelerde,
Frodo hat den Ring,
doch nicht die Mitte.
Wochenmitte teilt die Arbeit,
meint man,
wähnt sich schon inmitten.
Aber Mittwoch ist geteilt,
12 und 12,
was ist dann mitten drin?
Stunden mitten die Minuten
zu Wochen nach Sekunden lang.

Geblödeltes

2006

Donnerstag ...
Donner am Tag,
heisst Schrecken und viel Lärm.
Politik hallt am Donnerstag,
launig laut durch die Republik,
weil laut ist Donner
und der Tag ist lang,
entfliehen ginge nicht,
weil tagelang.
So trifft sich alles im Gedonner,
wähnt den Tag am Ende.

Freitag ...
Frei ist der Tag,
für wenn?
Tag ist der Freie,
für wenn?
Wann ist frei
und wann ist Tag?

Geblödeltes

2006

Wie ich gelernt habe mit dem Computer umzugehen ...

Teil I

Erster Schritt ...
Der Computer braucht Strom, also ist er abhängig,
sozusagen süchtig, da er ohne Stoff garnicht funktioniert.
Nachdem ich dahinter gekommen bin,
habe ich mehrere Lehrgänge
für stromabhängige Verbrauchsgeräte besucht
und glaube,
das ich ganz fit im Umgang mit den Energieklassen bin.
Hmmm ... Energieklassen ...
die haben ja gar keine Schüler ...
Desweiteren war es wichtig zu wissen, welche Unarten
auf einen zukommen können, wenn diese
Stromabhängigkeit so eklatant vorhanden ist.
Hier sei als erstes bemerkt, das der Computer bei Entzug,
vollkommen daneben ist, er muckt nicht, er rauscht nicht,
er nervt nicht.

Laufzettel für Computerkauf ...

1. Fragen sie den Verkäufer nach der Energieklasse des
zu kaufenden Computers ... stottert der Verkäufer,
schaut er Sie ungläubig an,
schüttelt er süffisant lächelnd den Kopf,
rauft er sich die Haare ...
dann wechseln sie das Geschäft.

Geblödeltes

10. Oktober 2006

Doppelt so viel Selbstmorde wie Verkehrstote

Berlin (AP)
Auf die hohe Zahl von Selbstmorden in Deutschland hat
am Montag in Berlin die Bundespsychotherapeutenkammer
(BPtK) aufmerksam gemacht.
Der Vorsitzende der Organisation, Rainer Richter, wies
darauf hin, dass in der Bundesrepublik im Jahr 2005 mit
insgesamt 10.260 doppelt so viele Menschen an Suizid
gestorben sind wie im Straßenverkehr.
Darüber hinaus werde jeder dritte Selbstmord von einem
über 65-Jährigen begangen.
Nach den Worten Richters sind depressive Störungen die
Hauptursache für die hohe Selbstmordrate.
So hätten fünf Prozent der über 65-Jährigen in
Deutschland eine behandlungsbedürftige Depression und
damit «eine psychische Störung, die häufig mit Suizid
endet».
Um dem entgegenzuwirken, sind nach Ansicht des
BPtK-Chefs vor allem präventive Maßnahmen erforderlich,
«die sozialen Rückzug und damit Isolation bei älteren
Menschen verhindern sowie die emotionale Erlebnisfähig-
keit und die kognitive Leistungsfähigkeit erhalten oder
fördern».

Gemischtes

12. Oktober 2006

" Du sollst nicht töten " hält jeder Zehnte für altmodisch

Mittwoch 11. Oktober 2006, 12:32 Uhr

München (AP)
Das biblische Gebot «Du sollst nicht töten» hält immerhin jeder Zehnte in Deutschland für altmodisch.
Bei einer am Mittwoch veröffentlichten Emnid-Umfrage für das Magazin «Playboy» gaben elf Prozent der 1.000 Befragten an, dieses Gebot sei unzeitgemäß.
Unter den Menschen über 60 Jahren halten demnach sogar 14 Prozent dieses Gebot für überholt.
Auch das siebte Gebot «Du sollst nicht stehlen» trifft nicht überall auf Zustimmung: Ebenfalls elf Prozent finden es unzeitgemäß, bei den Schülern waren sogar 21 Prozent dieser Ansicht.
Am lockersten gehen die Menschen in Deutschland erwartungsgemäß mit Gebot Nummer sechs
«Du sollst nicht ehebrechen» um: Diese moralische Vorschrift sehen 28 Prozent der Befragten als überflüssig an, wobei 29 Prozent der Männer dieser Ansicht sind gegenüber 26 Prozent der Frauen. Bei den Befragten zwischen 40 und 49 Jahren war sogar ein Drittel dieser Meinung.
21 Prozent wollen dagegen auf keines der zehn Gebote verzichten.

Gemischtes

12. Oktober 2006

Hmmm ...
an sich herunterschaut und guckt,
ob überall Haare wachsen.
Spiegel holt und guckt,
ob Wülste über den Augenbrauen entstehen.
In sich geht und guckt,
ob Gedanken entstehen wie ... muuuuuuaaaaaaaaah ...
und uuuuäääääääääääähhhhhhhhhhhh.
Schnell nachdenkt ...
bevor die Metamorphose beginnt.
Nunja ...
spassig finde ich es eigentlich nicht, wenn Menschen
anfangen elementare Gesetze des gesellschaftlichen
Zusammenlebens in Frage zu stellen.
Mir macht es eher Angst, wenn das Töten als Teil des
Lebens gesehen wird, das unzeitgemäss ist.
Ich dachte immer, wir Menschen würden mit de
Fortschritt auch fortschrittlicher im Denken,
würden Ethik und Moral als Werte ausbauen
und als Zielsetzung haben,
friedlich miteinander zu leben.
Aber die Entwicklung scheint gegenläufig zu sein,
je mehr Fortschritt,
umso weniger Entwicklung in Richtung Menschlichkeit.
Macht Fortschritt dumm ... ???

Gemischtes

17. Oktober 2006

Von der Leyen:
"Auch die Männer müssen sich emanzipieren"
Dienstag 17. Oktober 2006, 08:49 Uhr

In der Diskussion um die niedrigen Geburtenraten in
Deutschland und die Aufgabenverteilung von Männern
und Frauen hat Bundesfamilienministerin
Ursula von der Leyen (CDU) eine stärkere öffentliche
Debatte über die Rolle der Männer angeregt.
"Wir haben Nachholbedarf bei der Emanzipation", sagte
von der Leyen der "Süddeutschen Zeitung". "Wir haben
dabei immer sehr auf die Frauen geschaut und den
Männern nicht genug Raum gelassen, ihre traditionelle
Rolle als Ernährer hin zu der eines aktiven Vaters zu
erweitern."
Sie verstehe Emanzipation als "Rollenerweiterung - also
alle Fähigkeiten ausschöpfen, die ein Mensch hat", fügte
von der Leyen hinzu. "In Dänemark etwa gehört es zum
Status eines erfolgreichen Mannes, sich Zeit für die
Familie zu nehmen", sagte die Ministerin. Männer müssten
erkennen, dass Zeit für die Familie durchaus mit Erfolg im
Job vereinbar sei. "In der Öffentlichkeit und damit auch in
den Arbeitsstrukturen hat keine Diskussion darüber statt-
gefunden, wie es eigentlich um das Problem der Männer
bei der Vereinbarkeit von Familie und Beruf steht."
Von der Leyen regte an, "männliche Präsenzrituale" wie
"das Meeting nach 17 Uhr oder das Geschäftsessen am
Abend" in Frage zu stellen.

Gemischtes

17. Oktober 2006

Sehr geehrte Frau von der Leyen,
ich gebe Ihnen vollkommen Recht,
die Männer müssen sich emanzipieren. Nur stelle ich
verwundert fest, das Sie der Meinung sind, man habe
den Männern dafür nicht genug Raum gegeben ...
Hmmm ... vom Ernäher zum aktiven Vater,
sehr interessant.
Genau ... sie fügen das richtige Beispiel an ...
erfolgreicher Mann, also kein Otto Normalverbraucher,
der sollte seinem Chef auch mal sagen, ich nehme nicht
an einem Meeting teil, meine Kinder warten.
Dem seine Kinder warten dann nicht mehr, weil er
ständig zuhause sein wird ... arbeitslos.
Hier zeigt sich mal wieder, in welcher Welt Politik
emacht wird ... Wolkenkuckucksheim.
Ich mache Ihnen einen Vorschlag, Ihre Partei und dann
auch alle anderen Parteien können das doch mal
vorleben ... kein neues Gesetz ... einfach vorleben,
zeigen, Vorbild sein.
Das wäre doch was ...

30. Oktober 2006

Ohnmacht,
in diesem Staat.
Keine Veränderungen,
alles scheint desolat.
Reformen in aller Mund,
plündern Geldbörsen,
niemand,
wird dadurch gesund.
Hilflos steht man da,
leere Kassen überall,
geplündert,
irgendwie.
Versandetes Steuergeld,
in einer Scheindemokratie.
Wütend,
betrachtet man das Land,
pauschalisiert,
personifiziert,
nichts ist greifbar,
alles ist aalglatt,
zum Volk ...
keinen Kontakt.

Gedichtetes

01. November 2006

Ein Tag der Ruhe,
soll es sein,
Besinnung,
auf das Wesentliche.
Gedanken,
sollen wandern,
denken,
an die,
die nicht mehr sind.
Auch wir,
gehen diesen Weg,
früher oder später,
ohne Angst,
denn wir,
werden alle eins.

Gedichtetes

03. November 2006

Umfrage: Deutsche zweifeln an Demokratie
3. November 2006
http://www.aol.de/index.jsp?sg=News_
Politik&cid=264157290
Deutschlandtrend - Zweifel an der Demokratie
Umfrage: Mehrheit der Bundesbürger unzufrieden
Köln - Die Mehrheit der Bundesbürger ist dem
ARD-"Deutschlandtrend" zufolge mit der Demokratie in
Deutschland unzufrieden. Erstmals geben mehr als die
Hälfte (51 Prozent) der Menschen an, mit der Art und
Weise, wie die Demokratie in Deutschland funktioniert,
nicht zufrieden zu sein. Das seien 12 Prozentpunkte mehr
als im September 2005, teilte die ARD nach der aktuellen
Befragung durch das Institut Infratest dimap mit.
Mangel an Gerechtigkeit?
Auch das Empfinden, dass es in der Gesellschaft eher un-
gerecht zugeht, ist seit dem Sommer kontinuierlich ge-
stiegen. Zwei Drittel der Bundesbürger (66 Prozent) klagen
bei der Befragung den Angaben zufolge über fehlende Ge-
rechtigkeit. Das sind vier Prozentpunkte mehr als noch im
September 2006.
Volksparteien im Tief
Wenn am kommenden Sonntag gewählt würde, lägen
Union und SPD laut Infratest dimap mit 31 Prozent gleich-
auf. Für die Union ist das ein Plus von einem Prozentpunkt
im Vergleich zum Vormonat, für die SPD ein Minus von
zwei Prozentpunkten. Die Werte von FDP (13 Prozent)
und Linkspartei (9 Prozent) blieben im ARD-Deutschland-
trend unverändert. Die Grünen legten um zwei Punkte auf
12 Prozent zu. (fw/dpa)
© AOL DEUTSCHLAND 2006
Alle Rechte vorbehalten
Vervielfältigung nur mit Genehmigung
der AOL Deutschland GmbH & Co. KG

Gemischtes

03. November 2006

Und warum ist das so?
Man schaue nur auf das Geschachere um die Gesundheits-
reform, jeder will sein Schäfchen ins Trockene bringen, die
Parteien beugen sich der Lobby, beugen sich dem Main-
stream, laufen Prozentzahlen hinterher und vergessen da-
bei, das es die Bürger sind, die es letztendlich zahlen
müssen. Und zahlen muss der Bürger, immer mehr und er
kann sich nicht wehren. Das wissen auch die Strategen in
den Parteien, sie wissen auch, wie kurz das Langzeitge-
dächnis des Wählers ist und somit konnten sie bisher ihre
Dinge durchziehen.
Ich wünsche mir jetzt nur eins, das die Deutschen langsam
begreifen, das Demokratie aktives Handeln erfordert und
das unser demokratisches System kein Dogma ist.
Sondern ich denke Demokratie lebt erst durch Wandel.
Hmmm …
Gerecht? … was ist gerecht?
Die Parteien haben den Sinn für Gerechtigkeit total ver-
loren, wenn sie über Gerechtigkeit reden, dann immer mit
Blick auf den Wähler. Das geht solange gut, wie man einen
festen Prozentsatz an Stammwählern hat.
Nur … diese Stammwähler laufen den Parteien davon und
somit bekommen die Parteien ein Problem mit sich selber,
was sind sie dann noch? Ohne Stammwähler.
Gerecht kann nur das sein, was unseren moralischen und
ethischen Grundsätzen nicht zuwider läuft.

Gemischtes

03. November 2006

Nur ein Beispiel, da empfinden Manager es als gerecht und gerechtfertigt, wenn sie Tausende entlassen, der Kurs an der Börse kurzfristig steigt und die Anleger einen Gewinn haben, somit ist es nur gerecht, wenn diese Manager horrende Gehälter und Zusatzzahlungen bekommen.

Aber, haben sie im Sinne des Unternehmens, wozu ja auch die Mitarbeiter gehören, die das Unternehmen ja am Laufen halten, gehandelt?

Ich denke nein … wie heisst das Wort? …
Sozialkompetenz.

Die Parteien sind doch mittlerweile auch dem Zeitgeist verfallen, sie entwickeln keine Strategien mehr, die dem Bürger verlässlich sagen, in diese Richtung möchten wir als Partei gehen und so sehen wir die Zukunft dieser Gesellschaft.

Wie sollten sie auch … sie sind ja damit beschäftigt, ihre Leute möglichst in grosser Zahl finanziell abzusichern, das heisst ihnen ein Auskommen über Steuergelder zu ermöglichen.

Genau diese Damen und Herren, die sich dreist über die Gemeinschaft finanzieren, nehmen das Wort Faulheit, Schmarotzer und ähnliches in den Mund und polarisieren die Gesellschaft.

Ich denke, der nächste Schritt muss sein, das die Parteien bei den nächsten Wahlen, wirklich in den Keller abrutschen.

Auch dann werden wir erstmal nichts davon haben, da ja immer alle Parteien gewinnen bei Wahlen und sich weiterhin als gewählte Vertreter des Volkes darstellen werden.

Gut … kommt dieser Tag, dann sollten sich Unmengen von Bürgern zusammentun und Wahlen vor dem Bundesverfassungsgericht in Frage stellen …
hoffentlich erlebe ich das noch.

Gemischtes

15. November 2006

Hintergrund: Bundesrechnungshof
15. November 2006
http://nachrichten.aol.de/Politik/Hintergrund-
Rechnungshof-Kritik-1224205754-0.html
Hintergrund: Die Rechnungshof-Kritik
Das alles ist unwirtschaftlich, nutzlos und ungerecht
Berlin - Der Bundesrechnungshof listet jedes Jahr Vor-
schläge auf, wie Bundesverwaltungen wirtschaftlicher ar-
beiten können. Das finanzielle Volumen der Minderaus-
gaben und Mehreinnahmen beläuft sich regelmäßig auf 2
bis 3 Milliarden Euro. Einige Beispiele:
Das Wirtschaftsministerium fördere seit Jahren drei Ein-
richtungen für Mittelstandsforschung und Rationalisier-
ungsförderung, ohne im Einzelnen vorzugeben, was die
Institute erforschen und welchen Informations- und Berat-
ungsbedarf sie decken sollten.
Eine Beteiligung des Bundes am Europäischen Zentrum
für Internationale Wirtschaft in Brüssel dürfte aus Sicht
des Bundesrechnungshofes auf "maßgeblich persönliche
Interessen Einzelner" zurückzuführen sein.
Als "weitgehend erfolglos" stuften die Rechnungsprüfer die
steuerliche Förderung von Handelsschiffen inländischer
Reeder im internationalen Verkehr ein. Die "Tonnagebe-
steuerung" ermöglicht es Reedern, Gewinne nach dem
Rauminhalt des Schiffes zu ermitteln. Das Steuerprivileg
basiert auf europäischen Leitlinien mit dem Ziel, Flaggen
der EU-Staaten zu stärken und die Beschäftigung von
EU- Bürgern zu fördern. Die Steuermindereinnahmen be-
tragen mindestens eine Milliarde Euro im Jahr. Es sei aber
nicht verhindert worden, dass inländische Reeder ihre
Schiffe "ausflaggten", hieß es.

Gemischtes

15. November 2006

Die Bundeswehr könnte jährlich 17 Millionen Euro sparen,
wenn sie für die Kraftfahrgrundausbildung nicht eigene,
sondern zivile Fahrschulen nutzen würde. Zudem betreibe
sie seit 1956 einen Such- und Rettungsdienst mit
militärischen Hubschraubern. Dieser "SAR- Dienst" sei
ursprünglich für Notfälle von Militärflugzeugen eingerichtet
worden. Mittlerweile komme er überwiegend in zivilen Not-
fällen zum Einsatz. Dies könnten zivile Dienste günstiger.
Der Truppenübungsplatz Munster-Nord sei großflächig ver-
giftet. Die Bundeswehr habe geplant, das belastete Erd-
reich bei Temperaturen von 15 000 bis 20 000 Grad zu ver-
glasen, um es unschädlich zu machen. Die dazu benötigte
Verbrennungsanlage habe bis Anfang 2005 mehr als
116 Millionen Euro gekostet. Es würde rund 200 Jahre
dauern, bis die gesamte Erde behandelt sei. Es gehe aber
auch kostengünstiger.
An innerörtlichen Bundesstraßen trägt der Bund die Kosten
für Radwege, die Gemeinden die für Gehwege. Bei ge-
meinsamen Geh- und Radwegen finanziert der Bund den
gesamten Bau, die Gemeinden übernehmen den Unterhalt.
Obwohl dies die Ausnahme sein sollte, hätten die Länder
sie zur Regel gemacht und so vielen Gemeinden zu Lasten
des Bundes zu kostenlosen Gehwegen verholfen.
Der Umsatzsteuer-Sonderprüfung werden jährlich im
Schnitt zwei Prozent aller Unternehmen unterzogen.
Statistisch gesehen müsste also ein Unternehmen nur ein-
mal in 50 Jahren damit rechnen. Wie oft eine
Umsatzsteuer -Sonderprüfung anstehe, hänge auch davon
ab, in welchem Bundesland das Unternehmen seinen Sitz
habe. In einem erfolge die Sonderprüfung rechnerisch alle
35 Jahre, in einem anderen Land nur alle 77 Jahre. Eine
Prüfungsquote von 2 Prozent sei zu gering.

Gemischtes

15. November 2006

In der Fast-Food-Gastronomie komme es zu hohen Aus-
fällen bei der Umsatzsteuer. Grund sei die für Missbrauch
anfällige unterschiedliche Besteuerung von In-Haus- und
Ausser-Haus-Umsätzen.
Kauft ein Kunde Speisen zum sofortigen Verzehr im Rest-
aurant, muss das Fast-Food- Unternehmen 16 Prozent Um-
satzsteuer abführen.
Nimmt der Kunde die gleichen Speisen mit, werden nur
7 Prozent fällig.
Die Differenz können Unternehmen missbräuchlich aus-
nutzen. Eine einheitliche Besteuerung brächte Mehrein-
nahmen von jährlich 400 Millionen Euro.
Bei der Besteuerung von "Einkunftsmillionären" gebe es er-
hebliche Ausfälle. Eigentlich sollen sie regelmäßig vom
Fiskus geprüft werden. Im Schnitt würden aber jährlich nur
15 Prozent geprüft. Zwischen einzelnen Ländern gibt es zu-
dem Unterschiede - ein Land prüfe jährlich 60 Prozent, ein
anderes 10 Prozent der Einkunftsmillionäre. (mo/dpa)
© AOL DEUTSCHLAND 2006
Alle Rechte vorbehalten
Vervielfältigung nur mit Genehmigung
der AOL Deutschland GmbH & Co. KG

Hmmm ...
Scheint ja wohl klar zu sein, warum die Politik sich auf die
Hartz IV – Empfänger stürzt und sie anprangert wegen an-
geblichen Missbrauch der Leistungen ... ja ja ...
man sieht lieber den Splitter im Auge des Anderen,
als den Balken bei sich selber ...
Werde mir mal so meine Bildgedanken machen ...
oder Gedichtgedanken ...

Gemischtes

2006

Traurigkeit ...

Es ist ein schwer,
zu beschreibendes Gefühl.
Gedanken,
wie Pakete,
nur,
werden sie nie abgeholt.
Alles scheint schwer,
wie in Metall gegossen,
ist das Lächeln,
zur Skulptur geworden.
Nichts ist wirklich,
man lebt,
am Leben vorbei.
All das Schöne,
ist verpackt,
mit Ketten versehen,
mit Schlössern ohne Schlüssel.
Versenkt im Teich des Einerlei.
Träge blubbern Blasen hoch,
zerplatzen irgendeine Vergangenheit.
Mir ist so traurig,
mir ist so schwer,
mir ist,
als wenn ich garnicht wär.

Gedichtetes

2006

Ein Tag ...

Schwer
tropft die Zeit
ins Glas
der Ewigkeit
Wie Glockenhall
dröhnt
die Stunde
beim freien Fall
Kreischend
singend sprengen sich
die Minuten
von der Stunde
zersplittern
sirrend in Sekunden

Gedichtetes

2006

Tristesse ...

Es ist warm
hier im Büro
Starre durch das Fenster
in einen kalten Tag
Der Wind
verteilt bunte Blätter
eigentlich etwas
das ich sehr gerne mag
Aber irgendwie
kann ich mich
nicht so recht freuen
drückt etwas
schwer auf mein Herz
Schön wäre jetzt
der Regen
dem ich ganz still
und verstohlen
meine Tränen
untermischen will
damit niemand weiss
warum die Regenspuren
Schmerzen gleich
auf meinem Gesicht
uns so rühren
voller Melancholie
die aus dem Regen spricht
Ich schau nochmal
nach draussen ...
es regnet

Gedichtetes

2006

Die Zeit ...

Sie tickt
im Wohnzimmer
auch in der Küche
die Uhr der Zeit
Du hast sie mit
trägst sie am Arm
siehst sie an der Kirche
Jede Sekunde macht dir klar
das die Minute jetzt gleich war
Sie endet in den Stunden
wird zu Tagen
zu Monaten
zum Jahr
Die Zeit

Gedichtetes

Über mich

Meine erste Freundin ...

Sie war sehr lebhaft und passte immer gut auf mich auf, war ja gerade mal 3 Jahre alt. Sie liebte an mir eins besonders, meine rote Lederhose.
Wenn ich die trug, gab es für sie kein Halten mehr und sie stürzte sich richtig wild auf mir und gab mir Knüffchen und sowas.
Ich muss schon sagen, alle und alles hatte Respekt vor meiner Freundin und traute sich nicht mehr an mich ran, wenn sie bei mir war.
Gut ... wie stand ich eigentlich zu ihr?
Naja, es schmeichelte mir natürlich so eine ältere erfahrene Freundin zu haben und ich liess es mir gerne gefallen, das wir belächelt wurden, weil unser Verhältnis so innig war.
Nur mit der Zeit gefiel meinen Eltern dieses enge Verhältnis nicht mehr so gut, da sie vollkommen abgemeldet waren.
Nun ja, ehrlicherweise, sie kamen garnicht an mich dran, wenn meine Freundin bei mir war, da sie schon etwas besitzergreifend war.
So schmiedeten meine Eltern eines Tages einen fiesen Komplott.
Ich sah, wie sie dauernd tuschelten und meine Mutter ziemlich heftig und lange in der Küche rumhantierte, aber ich wusste nicht wirklich, was da vor sich ging.
Ich sass mit meiner Freundin vor der Scheunentür und liess den lieben Gott einen guten Mann sein.
Und dann kam der Tag ...

Über mich

Ich hatte einen Nebenbuhler ...
und dieser nutzte einen Moment der Unaufmerksamkeit
meiner Freundin und griff mich an.
Ich schrie wie am Spiess ...
Und dann ging alles rasend schnell ...
meine Freundin stürzte sich auf den Angreifer und ich
mittendrin, wusste gar nicht wie und was da geschah ...
Ein Kreischen ... ein Getöse ... und plötzlich ...
meine Eltern.
Sie stürzten auf das Knäuel, das sich da auf dem Boden
rumwälzte, schnappten erst mich ... und Mutter brachte
mich ins Haus.
Ich war voller Striemen und völlig verwirrt und auch
irgendwie verängstigt und wurde früh ins Bett gebracht.
Am nächsten Morgen, ich hatte so alles gut verkraftet,
bin ich raus, um wie gewohnt, den Tag zu beginnen.
Mit der Begüssung meiner Freundin
und mit der Missachtung meines Nebenbuhlers ...
Aber draussen war Stille ...
Keine Freundin ... kein Nebenbuhler ...
Es fehlten auf dem Hof die Pute und der Hahn ...
ich war alleine.

Über mich

Nun, ich denke das mich einige Leute hier gern etwas
näher kennenlernen möchten, ich meine etwas von mir
wissen wollen ... nicht was ihr jetzt wieder denkt ... tz tz.

Also ... eigentlich weiss ich garnicht warum ich auf die Welt
gekommen bin, da die Aussagen meiner Mutter sehr stark
mit den biologischen Gegebenheiten des Menschen
kollidiert.
Zum besseren Verständnis, meine Mutter ist der Meinung,
sie behauptet, sie weiss es genau ...
das ich ein 11 Monatskind bin ...
Ich habe nun mehrere Möglichkeiten, diese Sache
zu interpretieren ...

Interpretation I ...
Meine Mutter und mein Vater hatten ein Stelldichein, das
in einer ziemlichen Nähe endete und das sie aus Angst
vor ihren Eltern einfach vergessen haben.
Als ich mich dann wölbungsmässig bemerkbar gemacht
habe, datierte man das Ereignis einfach, weil man ja alles
verdrängt hatte, auf ein Datum ... dieses Datum passt aber
nicht zum Geburtsdatum, daher also kommen auf einmal
11 Monate Schwangerschaft zustande, also ein schlichter
Rechenfehler ... cool ...
passe dann ja ins 21. Jahrhundert …
bin nur ein Rechenfehler, aber nicht mit Microsoft
verwandt oder verschwägert.

Über mich

Interpretation II ...
Eine schlichte Verwechslung im Krankenhaus.
Mein Cousin wurde im selben Zeitraum geboren, mit dem
gleichen Nachnamen, nur wer sollte Erster werden?
Laut Aussage Frauenarzt, sollte ich zuerst geboren werden,
danach mein Cousin.
Und? ...
Er kam zuerst ... nicht was ihr wieder denkt ... tz tz ...
auf die Welt und dann erblickte ich rosigschimmernd den
Kreissaal ...
Also könnte es doch sein, das man einfach unsere
Dokumente im Krankenhaus verwechselt hat und somit die
vorausgeplanten Geburtstermine vertauscht worden sind.
Da meine Mutter natürlich nie einen Zweifel an der guten
Bürokratie des deutschen Staates hatte, musste sie wider-
willig akzeptieren, das dann 11 Monate Schwangerschaft
zustande kamen und hat das auch würdig getragen
und grundsätzlich mit aller Vehemenz verteidigt.

Interpretation III ...
Das wäre die Sache die ich am meisten fürchte ...
Bei Eseln soll die Schwangerschaft in etwa auch solange
betragen ... also zum Gentest gehe ich nicht ...
nie und nimmer.
Nunja ... zumindest hatte der liebe Gott irgendwie dann
auch ein Einsehen und war wohl der Meinung, wer eine so
lange Brutzeit hat, der kann dann bei den Geburtstagsge-
schenken ruhig 50 % weniger bekommen und er liess
mich am 24. Dezember den ersten Schrei tun ...
So ... das zu meiner schweren Geburt, oder ungeklärten,
oder nicht nachvollziehbaren ...

Inhaltsverzeichnis

Vorwort
Seiten : 004 - 005

Gemischtes
Seiten : 006 - 052
Seiten : 065 - 099
Seiten : 114 - 140
Seiten : 159 - 168
Seiten : 177 - 181
Seiten : 184 - 189

Geblödeltes
Seiten : 053 - 064
Seiten : 100 - 113
Seiten : 141 - 149
Seiten : 169 - 176

Gedichtetes
Seiten : 150 - 158
Seiten : 182 - 183
Seiten : 190 - 193

Über mich
Seiten : 194 - 197

Buchempfehlungen

Dreisamkeit

von Gültekin Kaynak, Mario Müller, Frank Zweiling

Taschenbuch: 200 Seiten
Verlag: Books on Demand GmbH,
Norderstedt (Dezember 2003)
Sprache: Deutsch
ISBN-10: 3833404965
ISBN-13: 978-3833404962

4 x 11 = 44

von Literaturgruppe 3Zack
(Gültekin Kaynak, Mario Müller, Frank Zweiling)

Taschenbuch: 80 Seiten
Verlag: Books on Demand GmbH, Norderstedt
(Dezember 2009)
Sprache: Deutsch
ISBN-13: 978-3-8391-2917-3